일본인이 가장 많이 쓰는 일본어 표현 관용구 편

일본인이 가장 많이 쓰는
일본어 표현
관용구 편

가장 많이 쓰는

임승진 & 보쿠 리에 지음

바이링구얼

preface

시중의 일본어 교재를 둘러보면 아주 반듯한, 어떻게 보면 약간은 딱딱한 일본어를 가르쳐 주는 책이 많습니다. 그래서 책에 나와 있는 대로 일본인에게 사용하면 어색하게 들리는 경우가 종종 있지요. 반대로 일본 드라마나 영화에서 자주 등장하는 말은 사전을 찾아봐도 그 뜻이 나오지 않기도 합니다. 실제 일본에서는 아주 많이 쓰이는 말인데도 말이죠.

이렇게 책과 현실의 언어에는 분명히 차이가 있습니다. 《일본인이 가장 많이 쓰는 일본어 표현》 시리즈는 조금이나마 그 차이를 줄여 보려고 만들어졌습니다. 이번 책은 일본인이 가장 많이 쓰는 관용구 188개를 엄선해서 구성하였습니다.

이 책은 한국인이 잘 모르는 표현을 최대한 많이 소개하고, 보다 일본어다운 문장을 선보이기 위해서 한국인 저자와 일본인 저자가 함께 집필하였습니다. 예문은 주로 친근한 사이에 쓰는 어투가 중심을 이루고 있지만, 예문의 내용에 따라 존경어가 나오기도 합니다. 부디 이 책이 여러분의 일본어 학습과 일본 문화 이해에 큰 도움이 되기를 진심으로 바랍니다.

composition & feature

일본어 관용구

일본에서 현지인들이 가장 많이 쓰는 관용구만 골랐습니다.

해설

관용구의 유래와 의미에 관해 설명합니다.

실전 대화

실생활에서 관용구를 어떻게 쓰는지 대화를 통해 확인합니다.

Part 1 말

1. 相槌を打つ 맞장구 치다 … 17
2. 揚げ足をとる 남의 말실수나 말꼬리를 잡고 늘어지다 … 18
3. 後ろ指を指される 내 뒤에서 내 험담을 하다 … 19
4. 奥歯に物が挟まる 자기 생각을 분명히 말하지 않고 얼버무림 … 20
5. 口が軽い 입이 가볍다 … 21
6. 口が酸っぱくなる (같은 말을 계속해서) 입에서 신물이 나다 … 22
7. くちばしを容れる 남의 일에 말참견하다 … 23
8. 口を滑らす (말하면 안 되는 것을) 실수로 말하다 … 24
9. さばを読む 자신에게 유리하도록 수나 양을 많거나 적게 말하다 … 25
10. 立て板に水 청산유수 … 26
11. 身も蓋もない 너무 노골적으로 말해서 할 말이 없다 … 27

Part 2 이야기

12. 大目玉を食う 호되게 꾸중을 듣다 … 29
13. 尾ひれを付ける (이야기에) 살을 붙이다, 과장하여 말하다 … 30
14. 雲を掴む 뜬구름을 잡는 듯한 이야기 … 31
15. 話に花が咲く 이야기꽃이 피다 … 32
16. 鼻にかける 자랑하다 … 33
17. 耳が痛い 남의 말이 자신의 약점을 찔러서 듣기 싫다 … 34
18. 耳が早い 소문을 듣는 것이 빠르다 … 35

19	耳にたこができる 귀에 못이 박히도록 듣다	36
20	耳を貸す 남의 이야기를 듣다	37

Part 3 기분, 감정, 표현

21	足が地に着かない 좋아서 어쩔 줄 모른다	39
22	泡を食う 몹시 놀라 당황하다	40
23	顔から火が出る (부끄러워서) 얼굴이 빨개지다, 화끈거리다	41
24	固唾を呑む (긴장해서) 마른침을 삼키다	42
25	肝をつぶす 엄청 놀라다	43
26	舌を巻く 혀를 내두르다	44
27	涙を呑む 분하고 원통함을 꾹 참다	45
28	二の句が継げない (황당하거나 놀라서) 할 말을 잃다	46
29	音を上げる 죽는 소리를 내다	47
30	鼻が高い 콧대가 높다, 우쭐하다	48
31	鼻に付く 질려서 싫어지다	49
32	腸が煮えくり返る 속이 부글부글 끓다	50
33	へそを曲げる 토라지다, 삐치다	51
34	虫が好かない 이유 없이 싫다	52
35	虫の居所が悪い 심기가 불편해서 작은 일에도 화를 내는 상태	53
36	目に余る 눈꼴사납다, 정도가 심해서 가만히 지켜볼 수가 없을 정도다	54
37	目の色を変える (화나거나 놀라거나 또는 뭔가에 집중할 때) 눈빛이 변하다	55
38	目の敵にする 눈엣가시로 여기다	56

Part 4 몸, 동작

39 顎を出す 몹시 지치다, 기진맥진하다 58
40 足が棒になる (오래 서 있거나 많이 걸어서) 다리가 뻣뻣해지다, 매우 피곤해지다 59
41 穴の開くほど 뚫어지게 쳐다보다 60
42 息を殺す 숨을 죽이다 61
43 息を呑む 놀라거나 감동해서 숨이 멎을 정도다 62
44 骨が折れる 엄청 고생하다 63
45 眉をひそめる 얼굴을 찡그리다 64
46 目を三角にする 눈을 부라리다, 무서운 눈을 하다 65
47 目を白黒させる 놀라거나 당황하거나 괴로워서 눈을 희번덕거리다 66
48 目を丸くする 놀라서 눈을 똥그랗게 뜨다 67

Part 5 상태, 모습

49 芋を洗うよう 사람이 많아서 북적거리는 상태 69
50 浮き足立つ 그 자리에서 도망치고 싶을 정도로 안절부절 못하는 모습 70
51 雨後のたけのこ 우후죽순 71
52 借りてきた猫 평소와 달리 아주 얌전한 모습 72
53 くもの子を散らす 많은 사람이 사방으로 흩어져 달아나는 모습 73
54 峠を越す 고비를 넘기다 74
55 羽を伸ばす 속박에서 벗어나서 기를 펴다 75
56 火の消えたよう 활기를 잃고 갑자기 조용해진 모양 76
57 袋のねずみ 독 안에 든 쥐 77
58 水を打ったよう 여러 사람이 쥐 죽은 듯이 조용한 모양 78

Part 6 상황, 사정

59 いたちごっこ 서로 같은 일을 반복해 일이 결판나지 않는다   80
60 白羽の矢が立つ 특별히 뽑히다, 재수 없게 뽑히다   81
61 尻に火が付く 발등에 불이 떨어지다   82
62 台無しにする 망치다, 허사가 되다   83
63 とどのつまり 결국   84
64 梨のつぶて 감감무소식   85
65 猫の手も借りたい 너무 바빠서 고양이 손이라도 빌리고 싶다   86
66 寝耳に水 아닌 밤중에 홍두깨, 마른 하늘에 날벼락   87
67 藪から棒 뜬금없이 갑자기, 아닌 밤중에 홍두깨   88
68 根も葉もない 아무 근거도 없다   89
69 ふいになる 허사가 되다   90
70 不意を突く 허를 찌르다   91
71 棒に振る 이제까지의 노력을 헛되게 날리다   92
72 水の泡になる 물거품이 되다   93
73 目鼻が付く 윤곽이 잡히다   94
74 藁にも縋る 지푸라기라도 붙잡다   95

Part 7 생각, 판단, 걱정

75 気が気でない (걱정이 되어) 안절부절 못하다   97
76 気に病む 걱정하다, 고민하다, 마음에 두다   98
77 白黒をつける 흑백을 가리다, 시비를 가리다   99
78 心を砕く 이런저런 걱정을 하거나 신경을 쓰다   100
79 太鼓判を押す 틀림없다고 확신하다   101
80 長い目で見る 길게 보다, 긴 안목으로 보다   102

81	臍を噛む 후회하다	103
82	枕を高くする 안심하고 자다	104
83	虫がいい 자기 중심적이다, 자신만 생각하고 남은 생각하지 않다	105
84	虫が知らせる 무언가 일어날 듯한 예감이 들다	106

Part 8 마음, 정신

85	後ろ髪を引かれる 미련이 남아서 떨쳐 버리지 못하다	108
86	上の空 정신이 딴 데 가 있어서 멍한 상태	109
87	肩の荷が下りる 힘든 일이 끝나 홀가분해지다	110
88	狐につままれる 귀신에 홀린 것처럼 얼빠지다	111
89	喉から手が出る 몹시 갖고 싶은 마음을 비유	112
90	腹が黒い 꿍꿍이가 있다, 엉큼하다	113
91	腹を括る 각오하다	114
92	腹を探る 마음을 떠보다	115

Part 9 행동, 실행

93	一か八か 결과가 어떻게 되든 운에 맡기고 해 보다	117
94	一糸乱れず 일사불란	118
95	釘を刺す (딴소리 못하도록) 못을 박다	119
96	草の根を分けて捜す (모든 방법을 써서) 샅샅이 찾다	120
97	口火を切る (원인이 되는 무엇을) 먼저 시작하다, 불을 지피다	121
98	首を長くする 목을 빼고 기다리다	122
99	腰を折る (남이 하는 뭔가를) 중간에서 끊다	123
100	さじを投げる 가망이 없어 포기하다	124

#	표현	의미	쪽
101	尻尾を巻く	꼬리를 빼다	125
102	尻馬に乗る	분별없이 남을 따라 경솔한 행동을 하다	126
103	手塩にかける	소중하게 기르다	127
104	鼻を明かす	꼭뒤 질러 깜짝 놀라게 하다	128
105	二の足を踏む	과감하지 못하고 주저하다	129
106	目に物見せる	상대방에게 뼈저리게 느끼게 하다	130
107	目をかける	돌봐 주다, 예뻐하다, 총애하다	131
108	山をかける	요행수를 노리고 모험하다	132

Part 10 능력, 실력

#	표현	의미	쪽
109	頭が上がらない	상대방에게 빚진 게 있어 대등하게 맞서지 못하다	134
110	腕が鳴る	(자신의 실력을 보여 주고 싶어서) 좀이 쑤시다	135
111	腕に覚えがある	자신의 실력에 자신이 있다	136
112	腕に縒りをかける	자신의 실력을 충분히 발휘하려고 분발하다	137
113	腕を上げる	실력을 향상시키다	138
114	肩を並べる	어깨를 나란히 하다	139
115	隅に置けない	여간내기가 아니다	140
116	手に余る	힘에 겹다	141
117	手を焼く	애먹다, 주체 못하다	142
118	歯が立たない	(상대방이 너무 강해서) 당해 내지 못하다	143

Part 11 일, 경쟁

#	표현	의미	쪽
119	足を洗う	나쁜 일에서 손을 떼다, 손을 씻다	145
120	味を占める	맛을 들이다, 재미를 붙이다	146

121 足を引っぱる 남의 성공을 방해하다, 발목을 잡다　　　　　　　　　147
122 後の祭り 소 잃고 외양간 고친다, 때를 놓치다　　　　　　　　　148
123 油を売る 농땡이 부리다, 딴 길로 새다　　　　　　　　　　　　149
124 板に付く 일에 익숙해져서 행동이나 복장이 잘 어울리게 되다　　　150
125 兜を脱ぐ 항복하다, 손들다　　　　　　　　　　　　　　　　　151
126 けりが付く 일의 결말이 나다　　　　　　　　　　　　　　　　152
127 鎬を削る 격렬하게 싸우다　　　　　　　　　　　　　　　　　153
128 手を抜く (일을) 적당히 하다　　　　　　　　　　　　　　　　154
129 水に流す 지난 안 좋은 일을 없었던 것으로 하다　　　　　　　　155
130 身を粉にする 분골쇄신하다, 몸을 아끼지 않고 열심히 일하다　　　　156

Part 12 태도

131 一目置く 자기보다 한 수 위의 사람을 인정하고 경의를 표하다　　　158
132 鬼の首を取ったよう 대단한 일이라도 한 듯이 의기양양해 함　　　159
133 肩で風を切る 어깨를 으쓱하며 의기양양하게 걷다, 기세등등　　　160
134 肩身が狭い 사람들 앞에서 떳떳하지 못하고 주눅이 들다　　　　　161
135 口が減らない 억지를 부리다　　　　　　　　　　　　　　　　162
136 けんもほろろ 남의 부탁 등을 쌀쌀맞게 거절하는 모습　　　　　　163
137 心を鬼にする 상대방을 위해 엄하게 대하다　　　　　　　　　　164
138 腰が低い 겸손하다　　　　　　　　　　　　　　　　　　　　165
139 ごまをする 아첨하다, 아양을 떨다　　　　　　　　　　　　　　166
140 白を切る 시치미를 떼다, 잡아떼다　　　　　　　　　　　　　　167
141 図に乗る 생각대로 되어 우쭐대다　　　　　　　　　　　　　　168
142 高を括る 우습게 보다, 하찮게 보다　　　　　　　　　　　　　169
143 棚に上げる 자신에게 불리한 일은 모른 체하고 문제 삼지 않다　　　170

144 手の裏を返す 태도나 말을 확 바꾸다　　　　　　　　　　171
145 手を拱く 수수방관하다　　　　　　　　　　　　　　172
146 胸を張る 자신감을 갖고 당당한 태도를 취하다　　　　173
147 指をくわえる 부러워하며 바라만 보다　　　　　　　174

Part 13 인간관계

148 馬が合う 마음이 잘 맞다　　　　　　　　　　　　　176
149 顔が広い 발이 넓다　　　　　　　　　　　　　　　177
150 顔に泥を塗る 얼굴에 먹칠하다, 창피를 당하게 하다　　178
151 顔を立てる 체면을 세워 주다　　　　　　　　　　　179
152 肩を持つ 편들다　　　　　　　　　　　　　　　　180
153 気が置けない 허물없다　　　　　　　　　　　　　181
154 膝を交える 친하게 동석하다, 허물없이 이야기하다　　182
155 水入らず 식구끼리, 가족끼리　　　　　　　　　　　183
156 目くじらを立てる 남의 흠을 잡다　　　　　　　　　184

Part 14 성질, 특징, 감각

157 朝飯前 식은 죽 먹기, 누워서 떡 먹기　　　　　　　186
158 味も素っ気もない 아무런 맛도 멋도 없다, 무미건조하다　187
159 瓜二つ 쏙 빼닮음　　　　　　　　　　　　　　　188
160 舌つづみを打つ 입맛을 다시다　　　　　　　　　　189
161 尻尾を出す 본색을 드러내다　　　　　　　　　　　190
162 雀の涙 쥐꼬리만큼, 새 발의 피　　　　　　　　　　191
163 高嶺の花 그림의 떡　　　　　　　　　　　　　　　192

164 竹を割ったよう 성격이 대쪽같이 곧은 모습　　193
165 輪をかける 수준이 한 단계 더 높다, 정도가 한층 더 심하다　　194
166 玉に瑕 옥에 티　　195
167 血も涙もない 피도 눈물도 없다　　196
168 猫を被る 내숭 떨다　　197
169 腹が据わる 침착해서 작은 일에는 동요하지 않다　　198
170 ピンからキリまで 최상에서 최하까지　　199
171 頬が落ちる 아주 맛있는 것을 비유　　200
172 目が肥える 보는 안목이 생기다　　201
173 目と鼻の先 엎어지면 코 닿을 데　　202

Part 15 이해, 믿음, 거짓

174 一杯食わす 감쪽같이 속이다　　204
175 口車に乗る 사탕발림에 속아 넘어가다　　205
176 煙に巻く 상대방이 잘 모르는 말들을 열거하며 속이거나 얼버무리다　　206
177 途方に暮れる 어찌할 바를 모르다　　207
178 膝を打つ 무릎을 치다　　208
179 百も承知 충분히 잘 알고 있음　　209
180 腑に落ちない 납득이 안 가다　　210
181 眉に唾を付ける 속지 않도록 조심하다　　211
182 目から鱗が落ちる 눈이 트이다, 어떤 일을 계기로 몰랐던 것을 알게 되다　　212

Part 16 돈, 형편

183 足が出る 예산을 넘다   214
184 うだつが上がらない 지위나 생활이 나아지지 않다   215
185 鰻のぼり (물가, 주가, 인기 등이) 급격히 오름   216
186 親のすねをかじる (자식이 성인이 되어서도 자립하지 않고) 부모에게 얹혀살다   217
187 首が回らない 빚이 많아 아무것도 못하다   218
188 耳を揃える 전액 모자람 없이 준비하다   219

PART 1 말

相槌を打つ

맞장구 치다

텔레비전 채널을 돌리다가 우연히 틀게 된 홈쇼핑. 별생각 없이 보다 보면 금방 무엇인가에 홀린 듯이 전화기를 찾아 주문을 하고 있는 신비로운 현상을 경험하게 되는데요. 이때 구매 욕구를 자극하는 요인으로 쇼호스트의 청산유수 같은 말발과 더불어 큰 몫을 차지하는 것이 바로 일명 박수 부대라 불리는 방청객들의 맞장구! '우와~', '네~', 마치 짜고 치는 고스톱 같이 부자연스러운 맞장구지만 이게 꽤 효과가 있다니까요. 일본어로 '맞장구를 치다'는 相槌を打つ라고 합니다. 대장장이들이 쇠를 단련시킬 때 스승과 제자가 서로(相) 마주 보고 합을 맞춰 槌打ち 망치질를 한다는 것에서 유래된 표현입니다.

실전 대화

A 昨日彼女にさ、「なんでいつも私の話聞いてくれないの?」って怒られたんだ。
B あー、お前、反応薄いもんな。
A そう？ちゃんと相槌打ってるつもりなんだけど。
B うーん、もうちょっとオーバーにした方がいいと思うよ。

A 어제 여자 친구가 '왜 항상 내 말을 안 들어 줘?'라고 하면서 화냈어.
B 아, 너 반응이 별로 없잖아.
A 그래? 제대로 맞장구 친다고 생각하는데.
B 음, 좀 더 과감하게 하는 게 좋을 것 같아.

揚げ足をとる
남의 말실수나 말꼬리를 잡고 늘어지다

유도나 씨름 같은 경기를 보다 보면 상대에게 다리를 들어 기술을 걸려다가, 역으로 다리가 잡혀 넘어져 지는 경우를 보게 되는데요. 이렇게 기술을 걸려고 다리를 드는 것을 揚げ足라고 합니다. 이 단어에서 유래해 揚げ足をとる라고 하면 상대방의 말실수를 가지고 트집을 잡거나 상대를 공격하는 것을 말합니다. 주위에 말만 하면 싸우는 부부들을 보면 의미도 없는 말에 서로 끊임없이 말꼬리를 잡아 설전을 벌이는 경우가 많지요. 선거철 정치인들의 네거티브 공방도 보면 거의 다 이런 말꼬리 잡기가 대부분이고요. 말꼬리를 잡아 트집을 잡는 행위는 말꼬리를 잡는 쪽도 말꼬리를 잡히는 쪽도 옆에서 지켜보는 쪽도 참 피곤한 일인 것 같아요.

실전 대화

A あー、疲れた…。今日もミスして上司につつかれたよ。
B あの上司、いつも揚げ足とるようなことばかり言うよね。
A そう、それでまた緊張してミスしちゃうんだ。
B いちいち気にしない方がいいよ。

A 아, 힘들어…. 오늘도 실수해서 상사한테 한소리 들었어.
B 그 상사, 맨날 남의 실수를 잡고 늘어지는 소리만 하네.
A 맞아, 그래서 더 긴장해서 실수를 하게 돼.
B 일일이 마음에 두지 않는 게 좋을 거야.

後ろ指を指される

내 뒤에서 내 험담을 하다

우리는 귀가 갑자기 간질간질하면 귀에 염증 등의 이상이 있는지를 먼저 의심하지 않고, '누가 내 욕을 하나?'라며 혼잣말을 내뱉는 경우가 있는데요. 그만큼 경험상 내가 없는 곳에서도 욕을 들은 일이 많거나, 상대방의 뒤에서 나 또한 험담을 하는 경우가 비일비재하기 때문에 그런 말이 생긴 게 아닌가 싶네요. 일본어에서 상대방이 뒤에서 자신의 험담을 하는 것을 後ろ指を指される라고 합니다. 직역하면 '뒷손가락질을 당하다'가 되네요. 상대가 면전에서 내 험담을 하는 것도 기분이 나쁘지만 뒤에서 손가락질을 하거나 헐뜯으며 수군대는 것도 기분이 나쁜 건 마찬가지인 것 같아요.

실전 대화

A 塾にも行かず、自力で医大合格ってすごいな。
B そんなことないよ。周りのみんなのおかげでがんばれたんだ。
A お袋さん、一人で立派に育てたんだな。
B うん、いつも母親に「後ろ指を指されるような人生だけは歩むな」って言われてたからさ。

A 학원도 안 다니고 혼자 힘으로 의대에 합격했다니 대단하네.
B 아니야. 주위 사람들 덕분에 잘할 수 있었어.
A 어머님, 혼자서 훌륭하게 키우셨구나.
B 응, 어머니가 항상 '남에게 험담 듣는 인생은 살지 말라'고 하셨거든.

奥歯に物が挟まる
おくば もの はさ

자기 생각을 분명히 말하지 않고 얼버무림

식사 후에 공공장소에서 이쑤시개로 이를 쑤시고 다니시는 분들이 계시는데요. 보는 사람들로 하여금 좋은 인상을 남기지는 않으나, 이 사이에 무언가가 낀 찝찝함과 답답함은 개인적으로 충분히 공감이 갑니다. 코딱지나 이 틈에 낀 이물질을 빼내고 싶은 것은 어쩌면 자연스러운 인간의 욕구가 아닐까싶네요. 奥歯に物が挟まる를 설명하려다가 이야기가 지저분한 쪽으로 흘러갔네요. 입안에 뭔가가 들어 있으면 말을 똑바로 하지 못하잖아요. 그래서 이 문장은 직역하면 '어금니에 무엇이 끼다'라는 뜻이지만, 자신의 의사를 분명히 말하지 않고 얼버무릴 때 사용하는 표현입니다.

실전 대화

A もう、うちのだんな、ほんとイライラする！
B どうしたの?
A 何聞いても、奥歯に物が挟まったような答えしか返ってこないの。
B だんなさんに怖がられてるんじゃない？

A 아휴, 우리 남편 정말 짜증 나!
B 왜, 무슨 일 있었어?
A 뭘 물어봐도 자기 생각을 분명히 말하지 않고 얼버무린 듯한 대답밖에 안 해.
B 남편이 너를 무서워하는 건 아니고?

口が軽い

입이 가볍다

왜 우리는 '너만 알고 있어'라는 말을 들으면 더욱더 누군가에게 털어놓고 싶은 충동에 사로잡히는 걸까요. 역시 남의 비밀을 지켜 주기란 쉬운 일이 아닌 것 같아요. 그래서인지 남의 말을 잘 전하지 않고, 비밀을 잘 지키는 입이 무거운 사람들이 남들에게 신뢰감을 주어서 사회생활도 잘하는 것 같아요. 일본어에서는 입이 무겁다고 할 때 堅い단단하다라는 단어를 이용해 口が堅い입이 무겁다라고 합니다. 반대로 여기저기 남의 말을 하고 다니며 비밀 이야기도 쉽게 떠벌리고 다니는 사람에게는 口が軽い입이 가볍다라고 하네요.

실전 대화

A ここだけの話だけど、私、来月留学するんだ。
B うん、知ってるよ。先輩に聞いた。
A ほんと？秘密にして下さいって言ったのに…。
B あの先輩が口が軽いのは有名だよ。

A 너한테만 하는 얘긴데, 나 다음 달에 유학 가.
B 응, 알고 있어. 선배한테 들었어.
A 진짜? 비밀이라고 했는데….
B 그 선배 입이 가볍기로 유명해.

口が酸っぱくなる
(같은 말을 계속해서) 입에서 신물이 나다

음식을 잘못 먹거나 해서 소화가 안 될 때 위산이 섞인 신물이 역류하는 경우가 있는데요. 시큼털털한 그 맛을 좋아하는 사람은 아마도 없을 것 같아요. 또 우리가 같은 일을 계속하다 보면 질려서 싫은 느낌이 드는 경우가 있는데, 이것을 신물이 올라오는 불쾌함에 빗대 '신물이 난다'고 표현하지요. 口が酸っぱくなる는 '입에서 신물이 나다'라는 뜻으로, 어떤 대상이나 반복적 행동이 지긋지긋해져서 신물이 난다기 보다는 같은 말을 넌덜머리 나도록 반복했을 경우에 쓰는 표현입니다.

실전 대화

A 君、おにぎりは賞味期限が新しいのが後ろだろ。
B すみません…。
A もう、口が酸っぱくなるほど言ったんだから、いい加減覚えてくれよな。
B はい、本当にすみません。これから気をつけます。

A 자네, 유통 기한이 많이 남은 삼각김밥은 뒤에 놓아야지.
B 죄송합니다….
A 아휴, 입에서 신물 날 정도로 말했는데 이제 좀 기억해 줘, 제발.
B 네, 정말 죄송합니다. 앞으로 조심하겠습니다.

くちばしを容(い)れる
남의 일에 말참견하다

남의 일에 유난히 관심이 많은 사람들이 있어요. 좋게 보면 정이 많아 그럴 수도 있다고 하지만, 가끔 관심의 정도가 지나쳐 오지랖 넓게 간섭을 하다 보면 사람들에게 미움을 받게 되는 경우도 있는 것 같아요. 또한 이런 경향의 사람들은 자신과 상관없는 타인의 일에 말참견을 해서 눈총을 사기도 하는데요. 이렇게 남의 말에 끼어들거나 곁에서 말참견하는 것을 くちばしを容(い)れる라고 합니다. 실생활에서는 口(くち)を挟(はさ)む란 표현을 더 많이 씁니다.

실전 대화

A 君(きみ)、さっきからいろいろ言(い)ってるけど、どこの部署(ぶしょ)？
B 食品流通部(しょくひんりゅうつうぶ)です。
A 悪(わる)いけど、関係(かんけい)ない人(ひと)は、くちばしを容(い)れないでくれる？
B すみません。

A 자네, 아까부터 말이 많은데 어느 부서 소속이야?
B 식품유통부입니다.
A 미안하지만, 관련 없는 사람은 참견하지 말아 줄래?
B 죄송합니다.

口を滑らす
(말하면 안 되는 것을) 실수로 말하다

한 번 쏟아진 물을 주워 담을 수 없는 것처럼 한 번 뱉은 말도 주워 담을 수 없으니 말을 할 때는 항상 신중해야 할 것 같아요. 하지만 어디 그게 생각대로 잘 되나요. 말을 하다 보면 해서는 안 되는 말이 무심코 입 밖으로 툭 튀어나오는 경우가 이따금 있지요. 지켜 줘야 할 다른 사람의 비밀을 실수로 말해 버릴 때도 있고, 긴장을 하거나 술김에 말실수를 하는 경우도 있어요. 그럴 때 쓰는 표현이 바로 口を滑らす입니다.

실전 대화

A お前、部長の機嫌損ねちゃったんだって？
B うん、朝早く出勤するのをあんまり自慢するからついね。
A つい口を滑らせてしまったってわけか。
B そう、「部長は家で何もしなくていいでしょ」って…。

A 너, 부장님 기분 상하게 했다면서?
B 응, 아침에 일찍 출근하는 걸 너무 자랑하시길래 나도 모르게 그만.
A 너도 모르게 말하면 안 되는 것까지 말해 버렸구나.
B 응, '부장님은 집에서 아무것도 안 하시잖아요'라고….

さばを読(よ)む

자신에게 유리하도록 수나 양을 많거나 적게 말하다

여자 연예인들이 年齢(ねんれい)나이나 体重(たいじゅう)몸무게를 말할 때 조금씩 적게 말하는 경우가 있는데요. 보통 여자들은 몸무게 같은 건 2~3kg 낮게 말하지 않나요? 저는 자주 그러는데요. 여자라면 당연히 몸무게가 50kg이 안 나가는 줄 아는 내 주변 남자들에게 왠지 솔직히 말하면 너무 충격을 줄 것 같기도 하고 해서 말이죠. 그러고 보니, 남자들 중에선 身長(しんちょう)키를 높여서 말하는 분들도 꽤 계신 것 같네요. 아무튼 이렇게 자신에게 불리한 수를 속여 말하는 것을 さばを読(よ)む라고 합니다. 직역하면 '고등어를 읽다'가 되는데요. 어물전에서 고등어를 빨리 셀 때 한두 마리 수를 속여 센 것에서 유래한 표현입니다.

실전 대화

A あー、今日(きょう)の合(ごう)コン、気(き)が重(おも)いわ~。
B なんで？
A 女子(じょし)みんな年下(としした)なんだ、私(わたし)だけアラサー。
B 大丈夫(だいじょうぶ)、大丈夫(だいじょうぶ)、美久(みく)、童顔(どうがん)だからさば読(よ)んじゃえ！

A 아, 오늘 미팅 우울해~.
B 왜?
A 여자들이 다 나보다 어리거든, 나만 서른이야.
B 괜찮아, 괜찮아, 미쿠는 동안이니까 더 어리게 말해!

> アラサー 일본에서 반올림해서 30살이 되는 나이를 アラサー라고 하는데 Around thirty를 줄인 말이다. 이와 더불어 アラフォー, アラフィフ 등이 있다.

立て板に水

청산유수

흔히 말로 먹고 산다는 직업군의 사람들과 만나서 이야기를 나누다 보면 막힘없이 자신의 의견을 술술 이야기하는 모습에 정말 감탄을 하게 되는데요. 口下手^{말솜씨가 없는 인} 저는 이런 口達者^{말주변이 좋은 사람}들을 보면 정말 부러울 따름입니다. 이렇게 말을 머뭇거림 없이 청산유수처럼 잘하는 것을 立て板に水라고 합니다. 세워 놓은 판자 위에 물이 기세 좋게 흐르는 형상으로부터 유래된 표현이지요. 반대로 横板に雨垂れ^{가로로 된 판자의 낙숫물}는 '언변이 서툴다' 라는 뜻입니다.

실전 대화

A 丸山くんって、いっつも無口でなんかさえないよね。

B そうだよね、でもああ見えてもすごいところあるんだよ。

A え？そうなの？

B うん、彼、建築が好きらしくて、建築の話になると立て板に水の勢いで話すんだけど、それが専門家みたいなの。

A 마루야마는 항상 과묵해서 좀 모자란 것 같이 않아?

B 그렇지, 근데 저렇게 보이지만 좀 대단한 면이 있어.

A 어? 그래?

B 응, 걔가 건축을 좋아해서 건축 이야기라면 청산유수로 말을 하는데, 마치 전문가 같아.

身も蓋もない
너무 노골적으로 말해서 할 말이 없다

좋아하는 남자에게 고백을 했는데, '넌 너무 못생기고 뚱뚱해서 내 스타일이 아니야'라는 이야기를 들었다면 너무 충격적일 텐데요. 사실 틀린 말은 아닐 수 있어요. 그렇지만 너무 노골적이고 인정미 없는 말이라는 생각은 떨칠 수가 없네요. 상대방은 솔직한 자기 의사를 말했다고 해도 이런 식으로 이야기를 하면 더 이상 할 말이 없어질 것 같아요. 이럴 때 딱 쓸 수 있는 표현이 바로 身も蓋もない입니다. 직역하면 '몸체도 뚜껑도 없다'가 되는데요. 용기의 몸체도 뚜껑도 없으면 그릇이 되지 못하는 것처럼 말을 너무 직설적으로 해서 이야기가 더 이상 이어지지 않음을 빗댄 표현이라고 할 수 있겠습니다.

실전 대화

A お前、今週末も仕事？
B うん、給料はいいけど、仕事はちょっときついんだ。
A そうなんだ。大企業だなんて名前だけで、実態はブラック企業だな。
B それを言っちゃ、身も蓋もないね。

A 너, 이번 주말에도 출근해?
B 응, 월급은 잘 주는데 일이 좀 많아.
A 그렇구나. 이름만 대기업이고 실제는 불량 기업이네.
B 그렇게 노골적으로 말하면 할 말이 없네.

> ブラック企業 명확한 정의는 없지만 일반적으로 노동자에게 장시간의 과도한 노동이나 저임금 노동을 요구하는 기업을 가리킨다. 2010년대에 생긴 신조어로 2013년에는 유행어 대상을 수상했다.

PART 2 이야기

大目玉を食う
おお め だま く

호되게 꾸중을 듣다

目玉는 '눈알'이라는 뜻입니다. 그래서 눈알처럼 달걀노른자를 터트리지 않고 그대로 구운 달걀 프라이를 目玉焼き라고 합니다. 눈알이 들어간 표현 중에 大目玉を食う라는 표현이 있는데요. 大目玉는 '크게 튀어나온 눈'이라는 뜻이니까 직역하면 '튀어나온 큰 눈알을 먹다'가 되는군요. 이게 무슨 고어물에나 나올 듯한 무시무시한 표현인가 싶겠지만 大目玉에는 또 다른 의미가 있습니다. 화가 나서 누군가를 혼낼 때, 눈을 크게 뜨고 부라리는 모습이 되잖아요. 그 모습에서 유래해 大目玉는 '크게 꾸중함'이라는 뜻으로도 쓰입니다. 따라서 大目玉を食う의 의미는 '호되게 꾸중을 듣다'가 되겠습니다.

실전 대화

A どうした？元気ないな。

B 今日さ、仕事で失敗して、社長の大目玉食ったんだよ。

A そっか、まあ、でも人間誰でも失敗はあるから、あんまり気にするなよ。

B うん、ありがとう。

A 무슨 일 있어? 기운 없어 보이네.

B 오늘, 일을 잘못해서 사장님에게 호되게 꾸중을 들었어.

A 그렇구나, 하지만 사람이라면 누구나 잘못을 하는 거니까 그렇게 마음에 두지 마.

B 응, 고마워.

尾ひれを付ける

(이야기에) 살을 붙이다, 과장하여 말하다

남자 셋만 모이면 한다는 군대 이야기를 듣다 보면 무협지에서나 나올 법한 무용담이 활개를 치는데요. 전방에서 보초를 서다 맨손으로 멧돼지를 때려잡았다는 둥, 영하 20도가 되는 한 겨울에 냉수마찰을 즐겨 했다는 둥. 과연 어디까지가 사실인지 아리송한 이야기들이 많은데요. 이렇게 이야기에 살을 붙이고 과장해서 말하는 것을 尾ひれを付ける라고 합니다. 尾ひれ는 '물고기의 꼬리나 지느러미'라는 뜻도 있고, '이야기의 군더더기나 과장'이라는 뜻도 있습니다.

실전 대화

A 面接は、何でも尾ひれを付けて話すこと！
B 本当ですか。そんなことしてもいいんですか。
A みんな少しオーバーに話すんだよ。とりあえず面接にパスすることが重要だからね。
B そうですか。やっぱり先輩に聞いてよかったです。

A 면접 볼 때는 살을 좀 붙여서 뭐든 잘한다고 말할 것!
B 정말요? 그래도 괜찮나요?
A 다들 조금씩은 과장해서 말해. 면접에선 일단 뽑히는 게 중요하니까.
B 그렇군요. 역시 선배한테 물어보길 잘했어요.

雲を掴む
뜬구름을 잡는 듯한 이야기

소액 투자로 연매출 10억 보장! 잘 때 바르기만 해도 한 달에 10kg 감량! 헉, 진짜요? 귀가 번쩍 뜨이는 이야기가 아닐 수 없는데요. 순수한 분들 중에서는 이런 허황된 말에 홀려 사기를 당하는 사례도 적지 않은 것 같아요. 적은 노력과 투자로 큰 성과를 얻기란 쉽지 않지요. 世の中そんなに甘くない!세상사 그리 만만치 않아요! '저 하늘에 떠 있는 별도 달도 다 따 줄게!'라고 말하는 사랑하는 사람의 달콤한 속삭임에는 속아 넘어가 줘도, 이렇게 뜬구름 잡는 듯한 허무맹랑한 이야기에는 속지 않도록 조심합시다.

실전 대화

A 老後のこと、考えてる？
B うん、退職後は、船で世界一周旅行して、気に入った国に移住するんだ。
A 雲を掴むような話だね。
B そう？でも人生には夢がなくちゃダメだよ。

A 노후에 대해 생각하고 있어?
B 응, 퇴직 후에는 배 타고 세계 여행을 하고, 마음에 드는 나라로 이민갈 거야.
A 뜬구름 잡는 듯한 이야기네.
B 그래? 하지만 인생에는 꿈이 있어야지.

話に花が咲く

이야기꽃이 피다

오랜만에 옛 친구들을 만나 이야기를 나누다 보면 즐거웠던 추억들이 새록새록 떠오르며, 얼굴에는 웃음꽃이 떠나지 않고, 이야기는 날이 새는 줄 모르고 밤새 이어지지요. 이럴 때 우리는 '이야기꽃을 피우다'라는 아주 낭만적인 표현을 쓰는데요. 일본어에서도 즐겁고 재미있는 이야기를 나누는 것을 비유해 話に花が咲く라고 합니다.

실전 대화

A おばさん、高校の同窓会、どうだった？
B 懐かしい友だちにたくさん会えたわ。
A じゃあ、楽しかったんだね！
B そう、話に花が咲いて、気がついたら3時間も話しっぱなしだったわ。

A 이모, 고등학교 동창회는 어땠어요?
B 그리운 친구들을 많이 만날 수 있었어.
A 그럼 즐거웠겠네요!
B 맞아, 이야기꽃이 피어서 정신 차리고 보니 3시간이나 얘기하고 있더라고.

鼻にかける

자랑하다

鼻にかける를 직역하면 '코에 걸다'이지만 자신의 능력 등을 '거만하게 뽐내거나 자랑하다'라는 의미로 사용되는 표현입니다. 왜 '코에 걸다'라는 말을 '자랑하다'라는 의미로 사용하게 되었는지 그 어원을 살펴보면 쉽게 이해할 수 있는데요. 옛날 중국이 아편전쟁에서 패한 후 많은 서구인들이 중국에 들어오게 되었어요. 그 당시 중국 사람들의 눈에는 서구인들의 태도가 엄청 거만하게 보였단 거죠. 동양인들과 달리 서구인들은 우뚝 솟은 높은 코가 인상적인데요. 서구인들은 鼻が高い코가 높다, 코가 높은 사람들은 傲慢거만하다는 이미지에서 鼻にかける가 '자랑하다'는 의미로 바뀌어 사용하게 되었다고 합니다.

 실전 대화

A どんなタイプが1番苦手?
B うーん、学歴を鼻にかけてるような人とか…。
A 一流大学出身とか博士号持ってるとかの?
B そうそう。結局、人は中身じゃない。

A 어떤 스타일의 사람이 제일 싫어?
B 음, 학력을 자랑하는 사람이라든지….
A 일류 대학 출신이라든지 박사 학위 가지고 있다고 하는 그런 거?
B 응, 결국 사람은 마음이 가장 중요하잖아.

耳が痛い
남의 말이 자신의 약점을 찔러서 듣기 싫다

명절 때 가족들이 모이면 꼭 듣기 싫은 소리를 하는 친척들이 계시지요. 노총각, 노처녀들의 가슴을 후벼 파는 한 마디! '너 언제 결혼할 거니?', 몇 년째 취업 준비생으로 지내며 안 그래도 자신감이 땅바닥을 뚫고 내려갈 지경인데, 거기다가 '넌 왜 취직 안 하니?'라는 말을 들으면 정말 기운이 쭉 빠지고 의기소침해진답니다. 이렇게 자신의 실책이나 약점 등을 지적당해서 듣기 거북하거나, 싫은 느낌이 들 때 耳が痛い라고 하면 됩니다. 당연히 귀에 염증이 생겨 아플 때도 써도 되는 표현입니다.

실전 대화

A 今月の売り上げも伸びなかったか…。
B CJは今月も順調に売り上げを伸ばしてるそうですよ。
A 耳が痛い話だが、ここで負けてはいかん。
B そうですよね！早速作戦会議に入りましょう。

A 이번 달에도 매출은 안 늘었네….
B CJ는 이번 달에도 순조롭게 매출을 올렸답니다.
A 듣기 싫은 이야기지만 여기서 지면 안 돼.
B 맞습니다! 당장 작전 회의를 해요.

耳^{みみ}が早^{はや}い

소문을 듣는 것이 빠르다

학교에도 직장에도 동네에도 꼭 있습니다. 情報_{정보}나 噂_{소문} 같은 것을 다른 사람들보다 유난히 빨리 듣고 전하는 사람들이요. 인간관계의 폭이 넓지 않은 저로서는 어디서 어떻게 그렇게 빨리 소문들을 듣는 건지 참 신기할 따름인데요. 아마도 이런 사람들 중에서는 顔^{かお}が広^{ひろ}い_{발이 넓은}, 마당발인 사람들이 많은 것 같아요. 이런 사람들에게 耳^{みみ}が早^{はや}い라는 표현을 쓰면 되는데요. '소문을 듣는 것이 빠르다'는 뜻입니다.

실전 대화

A 今度^{こんど}ここにショッピングセンターできるんだって。
B ほんと？ まだ聞^きいたことないけど。
A うん、隣^{となり}の林^{はやし}さんに聞^きいたの。
B あー、あの人^{ひと}、耳^{みみ}が早^{はや}いもんね。

A 이번에 여기에 쇼핑센터가 생긴대.
B 정말? 아직 못 들어 본 얘긴데.
A 응, 옆집 하야시 씨한테서 들었어.
B 아, 그 사람 소문 입수가 빠르지.

耳にたこができる
귀에 못이 박히도록 듣다

耳にたこができる。 귀에 문어가 생기다. 이게 또 무슨 말이래 하시겠지만, 이 문장에서 たこ는 '문어'라는 의미가 아니라 손이나 발에 생기는 '못', 즉 '굳은살'을 뜻합니다. 그래서 펜을 오래 잡아 손가락에 생기는 굳은살을 ペンだこ라고 한답니다. 따라서 이 문장은 '귀에 못이 박히도록 듣다'라는 뜻입니다. 듣기 좋은 꽃노래도 한두 번이라는 말이 있듯이, 같은 이야기를 반복적으로 들으면 정말 질리지요. 특히나 그것이 小言 잔소리라면 두말할 필요도 없겠지요.

실전 대화

A お父さんは子どもの頃本当に貧乏だったけど…。
B けど学校で勉強もスポーツも1番で人気者だったんでしょ？
A そうだ、どうして知ってるんだ？
B その話は耳にたこができるほど聞いたよ。

A 아빠는 어릴 때 정말 가난했어….
B 하지만 학교에서 공부도 운동도 1등이고, 친구들한테 인기도 많았다면서요?
A 맞아, 어떻게 아는 거야?
B 그 얘기는 귀에 못이 박히도록 들었어요.

耳を貸す

남의 이야기를 듣다

일본어 단어를 외울 때 貸す와 借りる라는 두 단어의 뜻이 헷갈리기 쉬운데요. 貸す는 '빌려주다', 借りる는 '빌리다'라는 뜻입니다. 우리가 은밀하게 귓속말을 하고 싶을 때 '잠깐 귀 좀 빌려줘'라고 하잖아요. 이때 일본어에서도 ちょっと耳貸して라고 합니다. 이 표현은 은근 슬쩍 좋아하는 사람 뺨에 기습 뽀뽀를 하고 싶을 때도 유용하게 쓸 수 있으니 알아 두도록 합시다. 이 밖에도 耳貸す라는 중요한 표현이 있는데요. '남의 이야기를 듣다', '남의 이야기에 귀를 기울이다'라는 의미입니다.

실전 대화

A お母さん、私の話も聞いて！
B 聞いてるじゃない。
A ううん、いつも人の話に耳を貸そうとしないじゃない。
B 聞いてるけど、あなたがいつもくだらない話ばかりするからよ。

A 엄마, 내 이야기도 좀 들어 줘요!
B 듣고 있잖아.
A 아니, 항상 남의 얘기를 들으려고 하지 않잖아요.
B 듣고 있지만, 네가 항상 쓸데없는 소리만 하니까 그렇지.

PART

3 기분, 감정, 표현

足が地に着かない

좋아서 어쩔 줄 모른다

만년 대리에서 드디어 승진, 원하던 학교에 입학, 짝사랑 상대로부터의 고백, 로또 당첨! 이런 좋은 일이 일어나면 성인군자가 아닌 다음에야 그냥 가만히 앉아 평정심을 유지하기란 불가능하지요. '너무 좋아서 펄쩍펄쩍 뛰다'라는 말도 있듯이 좋으면 발을 땅에 가만히 붙이고 있질 못하는 것 같아요. 足が地に着かない라는 표현은 말 그대로 '발이 땅에 닿지 않다'는 의미도 있지만, 무엇인가에 마음이 뺏겨 '들뜨다', '너무 좋아서 어쩔 줄을 모른다'라는 뜻으로 사용되는 표현입니다.

실전 대화

A ついにコンサート始まるね！

B あー、どうしよう！

A ゆい、興奮しすぎじゃない？大丈夫？

B うん、さっきから心臓がバクバクして、地に足が着かない感じなの。

A 드디어 콘서트 시작하네!

B 아, 너무 좋아!

A 유이, 너무 흥분하는 거 아니야? 괜찮아?

B 응, 아까부터 심장이 두근거리고, 너무 좋아서 어쩔 줄 모르겠어.

泡を食う

몹시 놀라 당황하다

몹시 흥분해서 떠들어댈 때 우리는 '입에 게거품을 문다'고 하는데요. 이와 유사하게 일본어에서도 거품이 들어간 재미있는 표현이 있습니다. 泡を食う는 직역하면 '거품을 먹다'가 되는데요. 여기서 泡는 본래 慌てる^{당황하다}의 어간 부분인 あわ에 泡라는 한자를 맞춘 것이라고 합니다. 食う는 남자들이 터프하게 '먹다'라고 할 때 사용하는 단어인데, 이외에도 '바람직하지 않은 상황을 만나다'라는 뜻이 있습니다. 따라서 이 문장은 '몹시 놀라 당황하다'라는 의미로 쓰이는 표현입니다.

실전 대화

A 今日の遊園地、よかったね。
B 特におばけ屋敷な。
A 子どもたち、おばけ見るなり、泡食って逃げ出して…。
B あんなに臆病とは、誰に似たんだろうな。

A 오늘 놀이공원 재밌었어.
B 특히 유령의 집.
A 애들이 귀신을 보자마자 엄청 놀라서 도망치고….
B 저렇게 겁이 많은 건 누구를 닮은 거지?

顔から火が出る
(부끄러워서) 얼굴이 빨개지다, 화끈거리다

왜 우리는 부끄러우면 얼굴이 빨개질까요? 그것은 부끄러움을 느낄 때 부교감 신경의 작용으로 얼굴의 혈관이 넓어지고 혈류량이 증가하기 때문이라고 하네요. 안 그래도 부끄러운데 얼굴까지 홍당무처럼 빨개지니 더 창피한 것 같아요. 여하튼 부끄럽거나 창피해서 얼굴이 화끈거릴 때에는 顔から火が出る라고 하면 됩니다. 유사한 형태의 표현으로 目から火が出る라는 말이 있는데요. 이것은 머리를 세게 얻어맞거나 부딪혀서 '눈에서 불이 번쩍하다'라는 뜻입니다.

실전 대화

A あ、この写真、卒業式の？
B うん、先輩に一緒にとってもらったの。
A あー、憧れの先輩ね。それにしても真菜、顔真っ赤じゃない？
B うん、先輩の隣、すっごく恥ずかしくて、顔から火が出たよ。

A 아, 이 사진 졸업식 때 찍은 거야?
B 응, 선배한테 부탁해서 같이 찍은 거야.
A 아, 네가 동경한다는 선배. 근데 마나 얼굴이 빨개졌네?
B 응, 선배 옆에 있는 게 너무 부끄러워서 얼굴이 화끈거렸어.

固唾を呑む

(긴장해서) 마른침을 삼키다

많은 사람들 앞에서 발표를 하기 전, 면접시험장에 들어가기 전, 결혼할 사람의 부모님을 처음 만나기 전, 정말 생각만 해도 긴장이 되는 순간들인데요. 우리는 보통 불안하거나 긴장을 하면 침을 삼키는 행동을 많이 합니다. 입이 바싹 말라 더 이상 삼킬 침이 부족하면 물을 계속 마시기도 하고요. 긴장을 했을 때 이렇게 무엇인가를 삼키면 긴장이 조금 해소되는 것 같기도 해요. 긴장했을 때 입안에 괴는 침을 固唾라고 하는데요. 따라서 固唾を呑む라고 하면 '긴장해서 마른침을 삼키다'라는 뜻이 됩니다. 보통 긴장된 상태로 일의 진행을 숨죽여 지켜볼 때 자주 사용하는 표현입니다.

실전 대화

A 昨日のワールドカップ、おもしろかったな。
B うん、接戦だったよな。
A 特に最後のゴールを決める瞬間がな！
B そうそう、みんな固唾を呑んで見守ってたよな。

A 어제 월드컵 재밌더라.
B 응, 접전이었지.
A 특히 마지막 골을 넣는 순간!
B 맞아, 다들 마른침을 삼키면서 지켜봤잖아.

肝をつぶす

엄청 놀라다

갑자기 일어난 일이나 예상외의 결과에 크게 놀랐을 경우 '앗, 깜짝이야! 간 떨어질 뻔했네'라고 말하지요. 이렇게 순간적으로 엄청 놀랐을 경우 사용하는 표현이 바로 肝をつぶす입니다. 肝는 '간', 혹은 넓은 의미의 '내장'을 뜻하는 단어인데요, 내장이 찌부러질 만큼 크게 놀람을 나타내는 표현이 되는 것이지요. 또한 肝는 '담력'이라는 뜻도 있어서, '겁이 많다, 간이 작다'고 할 때는 肝が小さい, '대범하다, 간이 크다'고 할 때는 肝が太い라고 합니다.

실전 대화

A 今朝の雷すごかったね。

B うん、うちのマンションから見える大木が雷にうたれて倒れたんだよ。

A ほんとに? それは怖いね。

B うん、それ見て、肝をつぶす思いだったよ。

A 아침에 천둥 굉장했지.

B 응, 우리 아파트에서 보이는 큰 나무가 벼락을 맞아서 넘어졌어.

A 진짜? 무서웠겠다.

B 응, 그거 보고 엄청 놀랐어.

舌を巻く

혀를 내두르다

영재들을 발굴해 소개하는 텔레비전 프로그램을 보면 5살짜리 아이가 미적분을 풀고, '해리포터' 시리즈를 영어 원서로 줄줄 읽어 내는 아이들이 있어요. 이 나이 먹도록 나도 아직 못하는 것을 저렇게 어린아이들이 해내다니……. 약간의 자괴감이 들기도 하지만 보고 있자면 정말 놀라워 감탄하지 않을 수 없더라고요. 이 때 딱 쓸 수 있는 표현이 바로 舌を巻く입니다. 우리는 이럴 경우 '혀를 내두른다'고 하는데 일본어에서는 巻く말다라는 표현을 쓰네요. 혀를 내두르건 혀를 말건 놀라워서 말이 안 나오기는 마찬가지이긴 하네요.

실전 대화

A 先週の『天才少年少女』見た？
B うん、見た見た。
A 6か国語話す10歳の男の子、すごかったよね。
B そうそう、ゲストがみんな舌巻いてたのがおもしろかった。

A 지난주 "천재 소년 소녀" 봤어?
B 응, 봤어.
A 6개 국어를 말하는 10살짜리 남자아이 대박이었어.
B 맞아, 게스트들이 다 혀를 내둘렀던 게 재미있었어.

涙を呑む

분하고 원통함을 꾹 참다

涙を呑む는 직역하면 '눈물을 마시다'이지만 실제 뜻은 '분하고 원통함을 꾹 참다'입니다. 요즘 우리 주변을 보면 흔히 '갑질'이라고 하는 갑의 횡포가 만연해 있는데요. 거만하고 몰상식한 VVIP 고객의 진상 행동에도 참고 웃으며 응대를 한다거나, 프랜차이즈 본사의 불리한 계약 조건에 울며 겨자 먹기 식으로 사인을 한다거나. 이렇게 단지 을이라는 이유 하나만으로 눈물을 머금고 참는 경우도 많이 있는 것 같아요. 이럴 경우 을의 입장에서 딱 쓸 수 있는 표현이 바로 涙を呑む라고 할 수 있겠네요.

실전 대화

A 大企業に就職したんだって！？
B はい、去年はたくさん落ちて涙を呑みましたが、今年は何とか就職できました。
A よかったな。おめでとう。
B ありがとうございます。

A 대기업에 취직했다면서!?
B 네, 작년에는 수없이 떨어져서 눈물을 삼켰지만 올해는 간신히 취직했습니다.
A 다행이다. 축하해.
B 감사합니다.

二の句が継げない

(황당하거나 놀라서) 할 말을 잃다

방귀 뀐 놈이 성낸다고 자기가 잘못해 놓고 逆ギレ^{도리어 역으로 화내}는 사람을 만나면 정말 어처구니가 없어 대응할 말이 나오지 않지요. 이럴 때 二の句が継げない라고 하면 됩니다. 직역하면 '다음 말을 이을 수가 없다'인데요. 우리가 상대방의 말이나 행동에 너무 놀라거나 황당하면 무슨 말을 해야 할지 말문이 막히잖아요. 바로 그럴 때 사용하는 표현입니다.

실전 대화

A うちの部下に将来の希望と目標聞いてみたんだけどさ。
B うん、何て言ってた？
A 南の島でサーフィンするとか、冒険家になるとか言われて、二の句が継げなかったよ。
B そうか、最近の若者は俺らの時とは違うもんな。

A 우리 직원들한테 장래 희망과 목표를 들어 봤는데 말이야.
B 응, 뭐라고 그래?
A 남쪽 섬에서 서핑을 한다든가 모험가가 된다고 말하니까 황당해서 할 말을 잃었어.
B 그렇구나. 요즘 젊은이들은 우리 때랑은 다르지.

音を上げる
ねあ

죽는 소리를 내다

어렵거나 힘든 상황에 대해 엄살을 부리며 우는 소리, 죽는 소리를 내는 것을 音を上げる라고 합니다. 제 주변에도 辛い괴롭다, 苦しい고통스럽다, 大変だ힘들다, 耐えられない견딜 수가 없다 이런 말들을 습관적으로 입에 달고 다니는 사람들이 있어요. 본인은 진짜 힘이 들어서 이런 말을 하는 것이겠지만, 작은 어려움에도 툭하면 이렇게 힘든 티를 내면 듣는 사람들까지 힘이 쭉 빠지는 것 같아요.

실전 대화

A 腹筋あと50回、がんばれ！
B おじさん、僕、もうダメ…。
A もう音を上げるなんて、根性ないな。
B 根性って、もうしんどくて起き上がれないよ、おじさん。

A 복근 운동, 50번 남았어, 파이팅!
B 삼촌, 나, 이제 못하겠어요….
A 벌써 죽는 소리를 내다니 끈기가 없구나.
B 끈기라뇨, 이젠 힘들어서 일어날 힘도 없어요, 삼촌.

鼻が高い
콧대가 높다, 우쭐하다

예뻐지고는 싶은데 돈은 없던, 그래서 성형은 감히 꿈도 못 꾸던 학창 시절, 제 외모를 업그레이드시켜 줄 유일한 도구는 바로 쌍꺼풀테이프와 빨래집게였답니다. 열심히 눈에 붙이고, 코를 집었건만 동양적인 외까풀에 낮고 펑퍼짐한 콧대가 여전한 걸로 봐서는 효과는 글쎄요, 그다지 없었던 것 같네요. 아무튼 우월한 외모에 높은 콧대는 빠질 수 없는 필수 조건이지요. 鼻が高い는 외형적으로 '콧대가 높다'는 뜻도 있고, '우쭐해하다', '기고만장하다', '자랑스러워하다'라는 뜻으로도 널리 사용됩니다.

실전 대화

A お隣の山本さんの息子さん、ピアノコンクールで優勝したんですって。

B まあ、すばらしいですね。毎日長い時間練習してましたものね。

A 山本さんもレッスンのために遠方へ連れて行かれたり、ご苦労なさったそうですよ。

B その苦労が実って、山本さんも鼻が高いでしょうね。

A 옆집 야마모토 씨 아들이 피아노 콩쿠르에서 우승했다면서요.
B 와, 대단하네요. 매일 같이 연습했었잖아요.
A 야마모토 씨도 레슨 때문에 먼 곳까지 데려다 주면서 고생했다고 하네요.
B 그 고생이 결실을 맺어 야마모토 씨도 자랑스럽겠어요.

鼻に付く

질려서 싫어지다

웬만큼 식성이 좋은 분들도 냄새 때문에 꺼리는 음식들이 있을 텐데요. 동남아시아에서 과일의 왕이라고 불리는 '두리안(Durian)'과 두부를 삭혀서 만든 '취두부'가 대표적인 악취 음식이지요. 우리나라의 홍어도 냄새 하면 빠질 수 없고요. 이렇게 역하거나 좋지 않은 냄새를 맡았을 때 '냄새가 나다', '코를 찌르다'라는 표현이 바로 鼻に付く입니다. 그리고 이 표현은 질려서 진절머리가 나거나, 상대방의 말이나 행동 등이 괜히 이유도 없이 마음에 들지 않는 경우에도 자주 사용하는 관용구입니다.

실전 대화

A 東京から来た転校生、かっこいいね。
B みんなそう言ってるけど、私はいや！
A なんで？
B あの、カッコつけた話し方、鼻に付く！

A 도쿄에서 온 전학생, 멋있지.
B 다들 그렇게 말하는데 난 싫어!
A 왜?
B 그 잘난 척하는 말투, 질려서 싫어!

腸が煮えくり返る

속이 부글부글 끓다

조금만 긴장을 해도 下痢(설사)가 좔좔 나오는 과민성 대장 증후군도 있고, 스트레스가 쌓이면 위가 아픈 신경성 위염도 있지요. 이렇게 사람의 감정과 내장 기관은 연관이 참 깊은 것 같아요. 그래서인지 감정 표현을 내장 기관에 빗댄 관용구가 많네요. 보통 화가 나서 열 받을 때 腹が立つ 라는 표현을 많이 쓰는데요. 직역하면 '배가 서다'이지만 '화가 치밀어 오르다'라는 뜻이고, 몹시 화가 나서 참을 수가 없을 때 우리도 속이 부글부글 끓는다고 하잖아요. 여기에 해당하는 표현이 바로 腸が煮えくり返る입니다.

실전 대화

A やっと彼氏と別れたよ！
B そっか。この間、いろいろあったもんね。
A あいつのせいで、何度も腸が煮えくり返る思いさせられたよ。でも終わってすっきりした。
B うん、そうだね。じゃあ、今日は遊びに行こうか？

A 드디어 남자 친구랑 헤어졌어!
B 그렇구나. 그동안 여러 가지 일이 있었지.
A 그 녀석 때문에 속이 부글부글 끓었던 적이 한두 번이 아니었어. 하지만 이제 다 끝나서 속이 시원해.
B 응, 그래. 그럼 오늘은 놀러 갈까?

へそを曲げる

토라지다, 삐치다

아이들은 삐진 모습도 귀여워요. '흥칫뿡!' 하며 눈을 흘겨도, 볼을 부풀리며 입을 삐죽삐죽 내미는 모습도 다 사랑스럽지요. 하지만 다 큰 성인이 너무 자주 삐지면 상대방이 인간관계에 피로감을 느껴 거리를 둘지도 몰라요. 확실히 남녀 사이에서는 남자보다는 여자들이 잘 토라지는 경향이 있는데요. 여자들은 말을 안 해도 남자가 자신의 마음을 알아서 잘 챙겨 주길 바라고, 남자들은 직접적으로 말을 안 하면 여자의 마음을 알아채지 못하기 때문에 그런 것 같기도 해요. 일본어로 '토라지다'는 へそを曲げる라고 합니다. 拗ねる도 같은 뜻이니 함께 알아 둡시다.

실전 대화

A うちの夫、ほんと子どもみたいなのよ。
B どうして？
A 私がちょっと注意したら、すぐへそを曲げるの。
B へえ、意外。ご主人、いつも冷静沈着な感じなのに、かわいいところあるね。

A 우리 남편, 정말 아이같아.
B 어째서?
A 내가 조금만 뭐라 하면, 바로 삐치거든.
B 흠, 의외네. 너의 남편은 항상 냉정하고 침착해 보이는데 귀여운 면이 있구나.

虫が好かない

이유 없이 싫다

에도 시대부터 일본 사람들은 사람의 배 속에는 아홉 마리의 벌레가 살고 있다는 믿음을 가졌다고 합니다. 여기에서 벌레는 회충이나 요충 같은 기생충이 아니라 약간 신적인 존재를 뜻하는 것 같아요. 아무튼 이 벌레가 사람의 몸에 병을 일으키기도 하고, 인간의 감정을 좌지우지한다는 생각을 했다고 하네요. 참 재미있는 발상인데요. 그래서 그런지 감정을 나타내는 표현 중에 벌레가 들어가는 표현이 꽤 있습니다. 虫が好かない는 '벌레가 좋아하지 않는다' 즉 벌레가 좋아하지 않으니까 나 또한 상대방에 대해 싫은 느낌이 들겠지요. 따라서 이 표현은 '이유 없이 싫다', '주는 것 없이 밉다'라는 의미입니다.

실전 대화

A 今度のグループ発表、誰とするか決まった？
B うん、ともみと谷川さん。
A え？谷川さん？私、あの子、なんだか虫好かないんだ。
B そう？ちょっと変わってるけどね。

A 이번 그룹 발표, 누구랑 하는지 정해졌어?
B 응, 도모미랑 다니가와.
A 어? 다니가와? 난 걔 이유 없이 싫어.
B 그래? 좀 특이하긴 하지.

虫の居所が悪い
심기가 불편해서 작은 일에도 화를 내는 상태

虫는 '벌레'라는 뜻 이외에 여러 가지 의미로 사용됩니다. 泣き虫_{울보}, 弱虫_{겁쟁이}처럼 '걸핏하면 그런 행동을 자주 하는 사람'이라는 뜻으로도 쓰이고, 本の虫_{책벌레}, 仕事の虫_{일벌레}처럼 '한 가지 일에 파고드는 사람'이라는 뜻으로도 쓰여요. 그리고 앞서 설명한 적이 있지만, 배 속의 벌레가 감정을 좌우한다는 생각에서 나온 표현들도 있지요. 虫の居所が悪い는 직역하면 '벌레의 거처가 나쁘다'이지만 심기가 불편해 사소한 일에도 기분이 언짢아지는 것을 나타내는 표현입니다.

실전 대화

A 先生、虫の居所が悪いのかなあ。

B うん、どうしちゃたんだろうね？

A もしかして彼氏に振られたとか。

B あ、それあるかも。先生、今週ずっとノーメイクにジャージだもんな。

A 선생님, 자꾸 화를 많이 내시네.

B 응, 무슨 일 있나?

A 혹시 남자 친구한테 차였다든지.

B 아, 그럴 수도 있겠네. 선생님 이번 주에 계속 화장도 안 하고 추리닝만 입고 오셨잖아.

目に余る
눈꼴사납다, 정도가 심해서 가만히 지켜볼 수가 없을 정도다

조금 가진 자산으로 없는 사람들을 무시하며 엄청 있는 척, 어설프게 알고 있으면서 자기 혼자 다 아는 척, 길에서 보면 한 번 더 뒤돌아보게 되는 미인도 아니면서 온갖 예쁜 척. 이렇게 잘난 척을 하는 사람들을 보면 정말 눈꼴셔요. 그리고 공공장소에서의 과한 애정 행각과 같은 개념 없는 모습들도 차마 눈뜨고 봐 주기 힘들지요. 이런 행동들을 보면 어떨 때는 정말 한마디 욕이라도 퍼부어 줘야 속이 시원해질 것 같다니까요. 이렇게 상대방의 행동이 아니꼬워서 지켜볼 수 없을 정도로 심할 경우 目に余る눈꼴사납다라는 표현을 쓰면 됩니다.

실전 대화

A バイトの接客マナー、指導し直そう。
B どうかしたんですか。
A さっき売り場に行って来たんだけど、仕事中なのに平気で雑談したり、ケータイいじったりしてるんだよ。
B それは目に余る行為ですね。

A 아르바이트생들 고객 응대 매너, 다시 지도하자.
B 무슨 일이 있었습니까?
A 아까 매장에 갔다 왔는데 근무 시간에 아무렇지도 않게 잡담하거나 휴대 전화를 만지거나 하는 거야.
B 그건 너무 심한 행동이네요.

目の色を変える
(화나거나 놀라거나 또는 뭔가에 집중할 때) 눈빛이 변하다

흔히 좋아하거나 호감을 가진 상대 앞에서는 눈빛이 달라진다고 하는데요. 실제로도 동공이 확대가 된다고 합니다. 눈동자는 흥미를 가지고 있는 대상 앞에서나, 놀랐을 때, 집중하고 있을 때 동공이 커진다고 하네요. 일본어에도 目の色を変える눈빛이 변하다 라는 표현이 있는데요. 놀라거나 화가 났을 때, 그리고 무언가에 집중을 할 때 눈빛을 바꾸는 것을 의미합니다.

실전 대화

A 最近、お姉さん、見ないね。
B あー、毎日朝から晩まで図書館行ってるんだ。
A 受験勉強？
B うん、この前の模試の結果が悪かったのか、急に目の色変えて勉強し始めたんだよ。

A 요즘 너희 누나 안 보이네.
B 아, 매일 아침부터 밤까지 도서관 다녀.
A 수험 공부?
B 응, 지난번 모의시험에서 결과가 안 좋았는지, 갑자기 눈빛이 변해서 공부하기 시작했어.

目の敵にする

눈엣가시로 여기다

귀엽거나 사랑스러운 대상을 보면 눈에 넣어도 안 아프겠다는 말이 나오기도 하지만, 실제로 눈에는 조그마한 먼지만 들어가도 따갑고 엄청 신경이 쓰이지요. 그런데 눈에 가시가 박히면 얼마나 아프고 쓰라릴까요. 여기서 유래해 우리말에서는 눈에 들어간 가시같이 늘 눈에 거슬리는 사람을 '눈엣가시'라고 하지요. 일본어에서도 비슷한 표현이 있는데요. 몹시 밉거나 싫어서 항상 눈에 거슬리는 것이나 사람을 敵라는 단어를 써서 目の敵라고 합니다.

실전 대화

A あいつ、普段やさしいのにお前にだけ冷たいよな。
B うん、なんでか知らないけど、僕を目の敵にしてるみたいなんだ。
A お前、なんかしたんじゃないの？
B 何もやってないよ。変なこと言わないでよ。

A 저 녀석 보통은 친절한데 왜 너한테만 차갑지?
B 응, 왠지 모르겠지만 나를 눈엣가시로 여기는 것 같아.
A 혹시 너 뭐 잘못한 거 있는 거 아니야?
B 아무것도 안 했어. 이상한 소리 하지 마.

PART 4

몸, 동작

顎を出す

몹시 지치다, 기진맥진하다

아름다운 얼굴형이 되기 위해서 턱의 모양은 아주 중요하지요. 그래서인지 주걱턱이나 무턱이 콤플렉스인 사람들도 많은 것 같아요. 어릴 때 턱을 괴거나 턱을 내미는 습관이 있으면 주걱턱이 되기 쉽다고 하니 조심해야 할 것 같아요. 턱을 습관적으로 내미는 것 말고, 턱이 저절로 내밀어지는 경우가 있는데요. 너무 지치면 입이 좀 벌어지면서 한숨과 함께 턱을 앞으로 내밀게 되지요. 顎を出す는 직역하면 '턱을 내밀다'인데요. 너무 지쳐서 기진맥진할 때 쓰는 표현입니다. 장시간 걸어서 지치다 보면 다리는 앞으로 안 나가고, 아래턱만 앞으로 나가는 것에서 나온 말입니다.

실전 대화

A 新しいバイト、どう？
B あー、実はやめちゃったんだ。
A もう？先週始めたばかりじゃない！
B そうなんだけど、思ったより仕事がきつくて三日で顎を出したんだ。

A 새 아르바이트 어때?
B 아, 실은 그만뒀어.
A 벌써? 지난주에 막 시작한 거잖아!
B 그렇긴 한데, 생각보다 일이 힘들어서 3일만에 나가떨어졌어.

足が棒になる
(오래 서 있거나 많이 걸어서) 다리가 뻣뻣해지다, 매우 피곤해지다

언덕 위에 있는 학교를 다닌 여학생들 중에는 매일 오르막길을 걸어 다녀서 다리가 두꺼워졌다고 생각하는 경우가 더러 있는 것 같아요. 아무리 생각해도 단지 그 이유 때문만은 아닌 것 같지만요. 아무튼 흔히 굵고 두꺼운 여자 다리를 속어로 '무다리'라고 하는데요. 일본에서도 大根足라고 합니다. 무다리는 다리 근육을 많이 써서 알이 배여 그렇게 되기도 하지만, 붓기가 안 빠져도 무다리가 된답니다. 足が棒になる는 직역하면 '다리가 몽둥이가 되다'지만 오랫동안 서 있거나 걸어서 다리가 뻣뻣해지고 지치는 것을 말합니다.

실전 대화

A はあ、まだホテル着かないの？
B ううん、もうそろそろのはずなんだけど…。
A もう1時間以上歩いてるじゃない！足が棒になったわよ。
B あ、あった！ここだ、ここだ。

A 히잉, 호텔 아직 멀었어?
B 아니, 이제 슬슬 도착할 때쯤이 되었는데….
A 벌써 1시간 이상 걷고 있잖아! 다리가 뻣뻣해졌어!
B 아, 찾았어! 여기다, 여기.

穴の開くほど

뚫어지게 쳐다보다

눈에서 애정이 뚝뚝 떨어지는 연애 초기의 커플들을 보면 서로의 얼굴을 너무나 사랑스럽게 바라보지요. 너무 오랫동안 이렇게 쳐다보고 있으면 옆에서 배가 아픈 친구들이 '얼굴 다 닳겠다', '얼굴 뚫어지겠다'라며 제재를 가하기도 하는데요. 이렇게 사람의 얼굴 등을 지긋이 뚫어지게 쳐다보는 것을 穴の開くほど라고 말합니다. 보통 穴が開くほど見つめる라는 형태로 많이 사용합니다. 내가 호감을 가진 대상이 이렇게 나를 지긋이 바라봐 주는 것은 기분이 좋지만, 생판 모르는 사람이 이렇게 뚫어지게 쳐다보면 무안해지기도 하고 괜히 기분이 오싹해지기도 하는 것 같아요.

실전 대화

A 子どもの時、どんな本、好きだった？
B 俺は推理もの。お前は？
A 僕は図鑑。特に魚の図鑑は穴の開くほど見たよ。
B それで魚に詳しいんだな。

A 어릴 때 어떤 책 좋아했어?
B 난 추리. 너는?
A 난 도감. 특히 물고기 도감은 뚫어지게 쳐다봤어.
B 그래서 물고기를 잘 아는구나.

息を殺す
숨을 죽이다

어렸을 적, 隠れん坊 숨바꼭질이나 눈 감고 鬼ごっこ 술래잡기 놀이를 참 많이 했었는데요. 술래에게 들키지 않으려고 정말 아무 소리도 내지 않고 숨죽이며 있었던 기억이 나네요. 술래가 점점 내 쪽으로 다가오면 두려움에 정말로 숨을 안 쉬기도 했던 것 같아요. 息を殺す는 말 그대로 '숨을 죽이다'라는 뜻인데요. 앞에서 든 예처럼 두려운 상황이나, 무엇인가에 극도로 집중을 할 때 쓰는 표현입니다.

실전 대화

A 私が家にいた時、泥棒が入ろうとしたの。
B それは怖かったね。泥棒に見つからなかった？
A うん、机の下に隠れて息を殺していたら、電話が鳴って、逃げていったよ。
B うわあ、何もなくてよかったね。

A 내가 집에 있었을 때 도둑이 들어오려고 했어.
B 그건 무서웠겠네. 도둑이랑 마주치지 않았어?
A 응, 책상 밑에 숨어서 숨을 죽이고 있었는데, 전화벨이 울리니까 도둑이 도망쳤어.
B 우와, 아무 일 없어서 다행이네.

息を呑む
いき の

놀라거나 감동해서 숨이 멎을 정도다

살다 보면 너무나도 아름다운 모습이나 놀라운 광경을 보고 숨이 멎을 것 같다고 감탄하는 경우가 있지요. '숨이 멎을 듯한 자태'라든가 '숨이 멎을 듯한 절경'과 같이 말이죠. 이럴 때 쓰는 표현이 息を呑む입니다. '너무 놀라서 숨을 멈추다'라는 뜻인데요. 사람이 너무 놀라면 한순간 숨이 멈춰지는 것에서 나온 표현입니다. 이 표현은 위와 같은 경우 이외에도 정말 가슴이 철렁할 정도로 깜짝 놀랐을 때, 긴장하며 숨을 멈추고 무엇인가를 지켜볼 때도 쓸 수 있는 표현입니다.

실전 대화

A 北海道旅行どうだった？
B 楽しかったよ。
A 何が一番よかった？
B 青い池を見た時は、その美しさに思わず息を呑んだよ。

A 홋카이도 여행 어땠어?
B 즐거웠어.
A 뭐가 가장 좋았어?
B 파란 연못을 봤을 때, 그 아름다움에 숨이 멎을 정도였어.

骨が折れる

엄청 고생하다

骨が折れる는 말 그대로 骨折골절, '뼈가 부러지다'라는 뜻입니다. 그런데 이 표현은 이외에도 상당히 힘든 일을 했을 경우 '엄청 고생하다'라는 관용적 의미로도 쓰입니다. 일이 많이 성가시고 힘든 경우, 어떤 일을 하는데 애를 먹은 경우에 자주 쓰는 표현입니다.

실전 대화

A この新製品を開発するにあたって、一番苦労されたのは、どの部分ですか。

B そうですね。やはりデザインと機能がなかなか合わず、その調整に骨が折れましたね。

A その苦労のかいあって、立派な製品が生まれたんですね。

B ええ、みなさんのおかげです。

A 이 신제품을 개발하는 데 있어서 가장 힘들었던 점은 뭔가요?
B 글쎄요. 디자인과 기능의 조합이 잘 안 돼서 그것을 조정하는 데 엄청 고생했습니다.
A 고생한 보람이 있어서 훌륭한 제품이 탄생한 거네요.
B 예, 여러분 덕분입니다.

眉をひそめる

얼굴을 찡그리다

미간에 주름이 생기면 인상도 나빠 보이고 나이도 들어 보이지요. 한번 생긴 주름은 비싼 화장품을 아무리 발라도 잘 없어지지 않는 것 같아요. 물론 보톡스를 맞으면 일시적으로 좋아지긴 하겠지만요. 미간에 주름이 안 생기려면 인상을 쓰지 않아야 하는데 그게 어디 또 내 마음대로 잘 되나요. 일본어로 '얼굴을 찡그리다', '눈살을 찌푸리다'는 眉をひそめる라고 합니다. 걱정되거나 불쾌한 감정을 표정으로 나타낼 때 두 눈썹 사이의 주름을 찌푸리는 모양에서 나온 표현이라고 할 수 있습니다.

실전 대화

A 今日の発表うまくいった？
B なんとか無事終了したよ。
A へえ、よかったね。
B ただ教授が私の発表聞きながら眉をひそめた時は、一瞬どきっとしたよ。

A 오늘 발표 잘했어?
B 그럭저럭 무사히 끝났어.
A 흠, 다행이네.
B 다만 교수님이 내 발표를 들으면서 얼굴을 찡그렸을 때 순간 철렁했어.

目を三角にする
눈을 부라리다, 무서운 눈을 하다

몹시 화가 났을 때 우리는 눈에 쌍심지를 켠다는 표현을 쓰지요. 쌍심지는 하나의 등잔에 있는 두 개의 심지를 말하는데, 화가 나서 두 눈을 부릅뜨는 모습을 쌍심지가 타오르는 모습에 빗댄 것이네요. 일본어에서는 이럴 때 目を三角にする 눈을 세모로 뜨다라는 표현을 씁니다. 화가 나서 부라린 눈매가 세모꼴과 비슷한가요? 그런 것 같기도 하고 아닌 것 같기도 하고. 어쨌든 재미있는 표현이긴 하네요. 유사한 표현으로는 目に角を立てる 눈에 쌍심지를 켜다가 있습니다.

실전 대화

A どうしよう。
B どうしたの？
A 野球してたら、向かいのおじいさん家にまたボール入っちゃって、窓、割っちゃったみたいなんだ。
B あ、おじいさん出てきた！目を三角にして怒ってるよ！

A 어쩌지?
B 왜 그래?
A 야구 하다가 또 맞은편 할아버지 집에 공이 넘어가서 창문이 깨진 것 같아.
B 아, 할아버지 나오셨다! 눈을 부라리고 화내고 있어!

目を白黒させる
놀라거나 당황하거나 괴로워서 눈을 희번덕거리다

目を白黒させる는 크게 두 가지 뜻으로 쓰이는데요. 첫 번째는 목에 뭔가 큰 이물질이 걸렸을 때 괴로워하며 눈동자가 돌아가 흰자가 되었다가 검은자가 되었다가 하는 모습을 나타내는 표현입니다. 실제로 사람의 눈이 이렇게 된다면 정말로 위급한 상황이니 구급차를 빨리 불러야겠지요. 두 번째는 '몹시 놀라거나 당황하다'라는 뜻이 있습니다. 너무 놀라거나 당황하면 눈이 크게 떠지면서 동공이 흔들리게 되는데 그 모습을 빗댄 표현이라고 할 수 있겠습니다.

실전 대화

A どうしたの？目を白黒させて。
B ゲホッ、ゲホッ…。
A え？だんごがのどに詰まった？はい、水！
B …ありがとう。びっくりした。

A 무슨 일이 있어? 눈을 희번덕거리면서.
B 컥, 컥….
A 응? 경단이 목구멍에 걸렸다고? 얼른, 물 먹어!
B … 고마워. 깜짝 놀랬네.

目を丸くする
놀라서 눈을 똥그랗게 뜨다

일반적으로 너무 놀라게 되면 눈을 크게 뜨게 되는데요. 우리는 이때 '놀란 토끼 눈을 하다'라고 하지요. 일본에서는 目が点になる 눈이 점이 되다라는 말을 씁니다. 만화를 그릴 때 놀란 눈을 점으로 표현한 것에서 유래했다고 합니다. 그리고 '눈을 똥그랗게 뜨다'라는 표현도 많이 쓰는데요. 일본어에서도 目を丸くする라고 합니다. 반대로 目を細くする 눈을 가늘게 뜨다라는 표현도 있는데요. 이 관용어는 귀엽거나 사랑스러운 대상을 보고 흐뭇해하는 표정을 나타내는 말입니다.

실전 대화

A 昨日、生徒たちかわいかったですね。
B そうですね。授業中に急にあんなことがあって。
A そう、急にアイドルが教室に入ってきてね。
B 生徒たち、目を丸くして、その後は大歓声。

A 어제 학생들 귀여웠어요.
B 그랬죠. 수업 중에 그런 일이 있어서.
A 그러게요, 갑자기 아이돌이 교실에 들어왔으니까요.
B 학생들이 놀라서 눈을 똥그랗게 뜨고, 그다음엔 큰 환호였죠.

PART 5 상태, 모습

芋を洗うよう

사람이 많아서 북적거리는 상태

출퇴근 시간, 콩나물시루 같은 지하철 안, 비좁은 틈에 겨우 몸을 구겨 넣고 서 있으면 물밀듯 타고 내리는 사람들에 의해 이리저리 몸이 떠밀려 다니게 되는데요. 이럴 땐 진짜 이런 게 지옥철이구나 하는 생각이 절로 들어요. 일본에서는 이런 지하철을 満員電車만원 전철이라고 합니다. 만원 전철이나 유명 피서지 해수욕장처럼 좁은 공간에 사람이 많이 모여 복작거리는 상태를 비유해 芋を洗うよう라고 합니다. 이 표현은 里芋토란를 통에 넣어 막대기로 휘휘 저어가며 씻는 모습에서 유래했다고 합니다.

실전 대화

A 夏休みにどこか行ってきた？

B うん、ウォーターパーク。

A うわあ、いいな、いっぱい泳いだ？

B ううん、芋を洗うような混雑で、ただプールに浸かって来た感じだよ。

A 여름 휴가 어디 갔다 왔어?

B 응, 워터파크.

A 우와, 좋았겠다. 수영 많이 했어?

B 아니, 사람이 너무 많고 북적거려서 그냥 풀장에 몸만 담그다가 온 느낌이야.

浮き足立つ
그 자리에서 도망치고 싶을 정도로 안절부절 못하는 모습

浮き足는 발끝으로 서서 지면을 꽉 밟지 않는 발, 즉 까치발이라는 단어입니다. 발뒤꿈치를 들어 까치발이 되면 자세가 굉장히 불안정하잖아요. 이런 모습에서 유래해 浮き足立つ라는 표현은 불안감이나 두려움에 허둥대며 안절부절 못하는 상태를 나타냅니다. 이 표현은 浮き立つ들뜨다. 흥분하다라는 단어와 혼동하여 잘못 쓰는 경우가 많으니 조심하도록 합시다.

A お母さんの大事な花瓶、割ったの誰？
B ぼ、ぼくじゃないよ。
A じゃあ、どうして浮き足立ってるの？
B ご、ごめんなさい。お母さんに怒られると思って、うそついた。

A 엄마가 아끼는 꽃병 누가 깼어?
B 저 아니예요.
A 그럼 왜 안절부절 못하고 있는 건데?
B 죄, 죄송해요. 엄마한테 혼날까 봐 거짓말했어요.

雨後(うご)のたけのこ

우후죽순

어떤 한 제품이 히트를 치면 여기저기서 그와 비슷한 제품들이 시장에 쏟아져 나오지요. 허니버터칩, 바나나 초코파이 같은 스낵이 사람들의 입맛을 사로잡자 제과업계에서는 맛뿐만이 아니라 이름까지 유사한 제품들을 만들어 내놨지요. 인형 뽑기방이 인기를 얻자 젊은이들이 자주 모이는 지역에는 거짓말 조금 보태 한집 건너 하나씩이라고 해도 과언이 아닐 정도로 유사한 가게들이 생겨났었고요. 이럴 때 쓸 수 있는 표현이 '우후죽순'인데요. 비가 온 뒤에 죽순이 많이 솟아나는 것처럼 어떤 일이 일시에 많이 생겨나는 것을 비유한 표현입니다. 일본어에서도 雨後のたけのこ라고 해서 같은 의미로 사용합니다.

실전 대화

A ここ、昔(むかし)は一面(いちめん)田畑(たはた)だったよね。
B そう。今(いま)はこの通(とお)りだけどね。
A いつからだっけ?
B 10年前(ねんまえ)からかな、雨後(うご)のたけのこのようにマンションが建(た)ち始(はじ)めたのは。

A 여기가 옛날에는 다 논밭이었지?
B 응, 지금은 이런 모습이지만.
A 언제부터였어?
B 아마 10년 전부터인가, 우후죽순처럼 아파트가 생긴 게.

借りてきた猫
평소와 달리 아주 얌전한 모습

'개는 사람을 따르고 고양이는 집을 따른다'는 속담도 있듯이 고양이는 자신이 머무는 환경의 변화에 엄청 민감하게 반응을 한다고 합니다. 그래서 고양이를 키우는 집에서는 이사를 할 경우 고양이가 새집에 적응을 할 수 있도록 좀 더 세심한 배려가 필요하다고 하네요. 借りてきた猫라는 표현은 '남의 집에서 빌려 온 고양이'라는 뜻인데요. 활발하던 고양이가 낯선 집에 가면 긴장하거나 경직된 움직임을 보이는 것처럼, 평소 활달하던 사람이 갑자기 얌전한 모습을 보일 때 사용하는 표현입니다.

실전 대화

A なに借りてきた猫みたいになってるの？
B うん、なんか緊張しちゃって…。
A 人見知り？
B 違う違う、みんなイケメンだから、ドキドキしちゃって。

A 왜 평소와 달리 이렇게 얌전해?
B 응, 왠지 긴장해서….
A 모르는 사람이 많아서 그래?
B 아니 아니, 다들 꽃미남이라서 두근거려서 그래.

くもの子を散らす
많은 사람이 사방으로 흩어져 달아나는 모습

테러나 지진이 일어난 곳의 영상을 보면 사람들이 놀라 사방팔방으로 흩어져 달아나는 모습을 볼 수가 있습니다. 이럴 때 쓸 수 있는 표현이 くもの子を散らす입니다. 직역하면 '새끼 거미를 흩어지게 하다'인데요. 시골에서 개구진 어린 시절을 보내신 분들은 한 번쯤 거미 알집을 터뜨려 보셨을 거예요. 알집이 찢어지면 엄청난 수의 새끼 거미들이 순식간에 기어 나오지요. 따라서 이 관용어는 사람들이 여기저기로 흩어져 달아나는 모습을 알집 속에 바글바글하게 모여 있던 새끼 거미들이 알집을 뚫고 흩어져 나오는 모습에 빗댄 표현이라고 할 수 있겠습니다.

실전 대화

A 昨日、公園で中学生がタバコ吸ってるのを見たんだ。
B それで注意したの？
A ううん、大きい声で「あ、先生だ！」って言ったら、急にくもの子を散らすように逃げて行ったよ。
B でも本当は先生いなかったんでしょ？

A 어제 공원에서 중학생이 담배를 피는 걸 봤어.
B 그래서 주의를 줬어?
A 아니, 큰 소리로 "아, 선생님이다!"라고 했더니 순식간에 사방으로 흩어져 도망쳤어.
B 하지만 실은 선생님은 안 나타났던 거지?

峠を越す

고비를 넘기다

峠を越す는 일이 되어 가는 과정에서 '가장 어려운 시기나 단계를 넘기다', '고비를 넘기다'라는 뜻입니다. 부부 싸움으로 이혼 위기까지 갔으나 슬기롭게 고비를 넘겨 화목한 가정을 일군다거나, 사업이 쫄딱 망할 뻔했는데 고비를 잘 넘겨 사업이 성장세로 돌아섰다거나, 병세가 심해져 죽음을 피할 수 없는 상황이었으나 무사히 고비를 넘겨 건강을 되찾는 등 악화되었던 상황에서 회복의 길로 돌아설 때 주로 사용하는 표현입니다.

실전 대화

A 手術は無事に終わりました。
B では、父は助かったんですね。
A はい、お父様は峠を越しました。もう大丈夫ですよ。
B ありがとうございます。

A 수술은 무사히 끝났습니다.
B 그럼, 아버지 생명에는 지장이 없는 거죠?
A 네, 아버님은 고비를 넘기셨습니다. 이제 괜찮습니다.
B 감사합니다.

羽を伸ばす
はね の

속박에서 벗어나서 기를 펴다

학창시절, 부모님이 여행이나 친척집 방문 등으로 한 번씩 집을 비우면 얼마나 기분이 좋던지요. 공부하라고 잔소리하는 엄마도 없고, 텔레비전 많이 본다고 혼내는 아빠도 없고, 친구들을 불러 내 맘대로 놀 수도 있고. 이런 상황에서 쓸 수 있는 말이 바로 羽を伸ばす입니다. 직역하면 '날개를 펴다'인데요. 새가 날개를 펴고 자유로이 나는 모습에서 따온 표현으로 구애됨이 없이 편하고 자유롭게 지내거나 행동하는 것을 나타내는 관용어입니다.

실전 대화

A あー、ついに大学合格！
B よかったね。おめでとう！
A 受験勉強から解放されて、やっと羽を伸ばせるよ。
B そうだね。遊びに行こう！

A 아, 마침내 대학 합격!
B 잘됐다. 축하해!
A 수험 공부에서 해방돼서 이제 기를 펴고 살겠어.
B 그러게. 놀러 가자!

火の消えたよう
활기를 잃고 갑자기 조용해진 모양

명절에 가족들이 한데 모여 북적북적 시끌시끌하게 보내다가 모두 다 떠났을 때, 집안에 누군가 아파서 입원이라도 하게 되었을 때, 이럴 때 왠지 쓸쓸한 느낌이 들어 기운이 빠지게 되는데요. 이렇게 지금까지 활발하던 사람이 갑자기 기운을 잃고 조용해질 때 火の消えたよう 불이 꺼진 것처럼라는 표현을 씁니다. 또한 이 표현은 활기 차던 장소가 갑자기 적막해질 때도 사용합니다. 한때 시끌벅적 활기 넘치던 재래시장이었는데 주변에 대형마트 등이 들어서면서 상권이 완전히 죽으면 이런 분위기가 되고 말지요.

실전 대화

A ここの市場、最近人気ないね。
B 再開発で、新しいマンションたくさん建ったじゃない。そこに大型ショッピングセンターができたらしいよ。
A それで市場は火の消えたようになってしまったのか。
B なんだか寂しいよね。

A 요즘 시장에 사람이 별로 없네.
B 재개발 때문에 새로운 아파트가 많이 생겼잖아. 거기에 대형 쇼핑센터가 생겼대.
A 그래서 시장은 활기를 잃고 말았구나.
B 왠지 쓸쓸하네.

袋のねずみ

독 안에 든 쥐

우리 속담에 '독 안에 든 쥐'라는 말이 있지요. 옛날엔 독 안에다 곡식을 저장하곤 했었는데 쥐가 몰래 쌀 같은 것을 훔쳐 먹으러 독 안에 들어갔다가 못 빠져나오는 모습에서 이런 속담이 유래되었다고 합니다. 일본에서는 이 경우 袋(봉지, 자루)의 쥐라고 하네요. 쥐는 재빨라 엄청 잡기 힘든데, 자루 안에 들어 있으면 도망가기가 힘들겠지요. 이런 모습에서 袋のねずみ는 아무리 애를 써도 궁지에 몰려 도저히 벗어날 수 없는 처지를 나타낼 때 쓰는 표현입니다.

 실전 대화

　(ゲームをしながら)
A　うわあ、見て！後ろから敵が来てる！
B　それに前は崖だよ。
A　まるで袋のねずみだな。
B　ゲームオーバーだ、もう1回最初からやろう。

　(게임을 하면서)
A　우왓, 봐 봐! 뒤에서 적이 쫓아와!
B　게다가 앞은 벼랑이야.
A　마치 독 안에 든 쥐 같아.
B　게임 오버다. 다시 한 번 처음부터 하자.

水を打ったよう
여러 사람이 쥐 죽은 듯이 조용한 모양

일본에서는 예로부터 打ち水라고 해서 먼지가 일지 않도록 길이나 정원에 물을 뿌리는 풍습이 있었습니다. 먼지가 쌓인 지면에 물을 뿌리면 왠지 차분해지고 진정되는 느낌이 드는데요. 여기서 水を打ったよう라는 관용어가 생겨났습니다. 직역하면 '물을 뿌린 듯'이라는 뜻이지만 사람들이 많이 모여서 웅성거리다가 어떤 것을 계기로 갑자기 일제히 조용해지는 것을 나타내는 표현입니다.

실전 대화

A さっき先生怖かった！
B いつもニコニコしてるのにね。
A あんな大きな声で怒鳴るなんてびっくりしたよ。
B そうだね。その後、先生が教室出て行くまで水を打ったようにしんとなったもんね。

A 아까 선생님 무서웠어!
B 항상 싱글벙글거리셨는데.
A 그렇게 큰 소리로 호통치다니 깜짝 놀랐어.
B 맞아. 그 뒤에 선생님이 교실을 나갈 때까지 쥐 죽은 듯이 조용했잖아.

PART 6
상황, 사정

いたちごっこ
서로 같은 일을 반복해 일이 결판나지 않는다

어릴 적 친구들과 마주앉아 '쎄쎄쎄 아침바람 찬바람에 울고 가는 저 기러기~'라는 노래를 부르며 박자에 맞춰 손바닥을 치는 놀이를 많이 했었는데요. 여자아이들이 즐겨 하던 이 '쎄쎄쎄'라는 놀이는 실제로 せっせっせ라고 해서 일본에서 건너온 놀이입니다. せっせっせ처럼 아이들이 서로 마주앉아 하는 놀이로 いたちごっこ가 있습니다. 서로 상대방의 손등을 번갈아 꼬집으며 손을 교대로 포개어 가는 놀이인데요. 이 놀이에서 유래한 표현으로 いたちごっこ라고 하면 서로 같은 일을 반복해 일의 진전이 없음을 나타냅니다. 문맥에 따라 '악순환, 제자리걸음' 등으로 해석할 수 있습니다.

실전 대화

A この推理小説、どう？
B うん、面白いよ。今度映画化されるらしい。
A へえ、でも、怪盗と刑事のいたちごっこなんだろ？
B それが面白いんだよ。

A 이 추리 소설, 어때?
B 응, 재미있어. 이번에 영화화된다고 들었어.
A 흠, 근데 괴도랑 형사가 쫓고 쫓기면서 계속 반복하는 것 아니야?
B 그게 재미있잖아.

白羽の矢が立つ

특별히 뽑히다, 재수 없게 뽑히다

人身御供인신공양는 '사람의 몸을 신에게 제물로 바치는 행위'입니다. 심청이가 공양미 삼백 석에 팔려 인당수에 몸을 던진 것이 바로 인신공양이라고 할 수 있지요. 일본에서는 인신공양을 위해 제물이 된 처녀 집에 白羽の矢흰 깃이 달린 화살를 꽂았다는 전설이 있는데요. 白羽の矢が立つ는 이 전설에서 유래한 표현입니다. 보통 두 가지 의미로 사용되는데요. 많은 사람 가운데 '특별히 뽑히다', '발탁되다'라는 뜻으로 사람들에게 인정받아 뽑혔다는 좋은 의미로 사용되는 경우가 있고, 본래의 유래에서처럼 '재수 없게 뽑혀 희생양이 되다'라는 의미로도 사용됩니다.

실전 대화

A 今度のコンサート、ソリストで出演することになった！
B ほんと？すごい！！でも、急だね。
A うん、決まってた人がケガをして、私に白羽の矢が立ったの。
B チャンスが舞い込んで来たってわけね。おめでとう！

A 이번 콘서트 솔리스트로 출연하게 됐어!
B 진짜? 대단하다!! 근데 갑작스럽네.
A 응. 정해졌던 사람이 부상을 입어서 내가 뽑힌 거야.
B 기회가 찾아온 거네. 축하해!

尻に火が付く

발등에 불이 떨어지다

어릴 때 누구나 한 번쯤 방귀 뀔 때 엉덩이에 불을 붙이면 정말 불이 붙을까라는 합리적인 의심을 해 보셨을 텐데요. 저도 생각만 해 보고, 차마 용기가 없어 실행에 옮기지는 못했네요. 엉덩이에 불이 붙으면 불을 끄기 위해 얼마나 다급해 할지 그 상황을 상상만 해도 급박함이 느껴지는 것 같은데요. 이렇게 엄청 다급한 상황에 처했을 때 우리는 발등에 불이 떨어졌다고 하지만 일본에서는 お尻に火が付く, '엉덩이에 불이 붙다'라는 재미있는 표현을 씁니다.

실전 대화

A テスト勉強って、いつからしてる？
B 三日前から。
A マジで？それであんなにいい点数？
B うん、おれ、ギリギリになって尻に火が付かなきゃがんばらないタイプだからさ。

A 시험 공부는 언제부터 해?
B 3일 전부터.
A 진짜? 근데 그렇게 좋은 점수를 받는 거야?
B 응, 난 시간 촉박해져서 발등에 불이 떨어지지 않으면 안 하는 타입이거든.

台無しにする
망치다, 허사가 되다

순간의 실수나 판단 착오로 잘못된 선택을 하다 보면 일을 망치는 경우가 종종 있지요. 사소한 실수로 이제껏 공들여 오던 일을 엉망으로 만들기도 하고, 飲酒運転음주 운전, ギャンブル도박, 麻薬마약 등으로 인생을 송두리째 망치는 사람들도 있습니다. 台無し는 '아주 엉망이 됨', '아주 망가짐'이라는 단어로, 보통 台無しにする망치다, 台無しになる엉망이 되다라는 형태로 많이 쓰입니다.

실전 대화

A 今日、結婚記念日なのになんでこんなに遅いの？
B 急な仕事が入って早く帰れなかったんだ。
A ご馳走作ったのすっかり冷めて台無しだわ。
B ごめん、悪かった。

A 오늘 결혼기념일인데 왜 이렇게 늦었어?
B 급한 일이 들어와서 일찍 퇴근 못했어.
A 맛있는 음식 만든 게 완전히 식어서 망쳤어.
B 미안해, 내가 잘못했어.

とどのつまり

결국

한때 국민 생선이었던 명태는 그 이름도 참 많은데요. 어린 명태는 노가리, 얼리지 않은 생물 명태는 생태, 꽁꽁 얼린 명태는 동태, 바싹 말린 명태는 북어 등등. 일본에도 다양한 이름을 가진 물고기가 있습니다. 그중 어린 물고기에서 다 자란 물고기가 되어 가면서 이름을 바꾸는 물고기를 出世魚^{출세어}라고 합니다. 대표적인 출세어로는 숭어가 있는데요. 숭어는 커가면서 オボコ, イナ, ボラ 등으로 이름이 바뀌다가 つまり^{결국} トド라는 이름이 됩니다. 여기에서 유래해 とどのつまり라는 표현은 '결국', '필경'이라는 뜻으로 쓰이게 되었습니다.

 실전 대화

A 僕、就職することにしたんだ。
B あれ？音楽続けるんじゃなかったっけ？
A 音楽で生きていける才能はないって、気づいたんだ。
B とどのつまりはそういうことか。でも、辛かったろうに、よく決心したな。

A 나, 이제 취직하기로 했어.
B 뭐? 음악 계속하는 거 아니었어?
A 음악으로 먹고 살 수 있는 재능은 없다는 걸 깨달았어.
B 결국은 그렇게 된 건가. 그래도 힘들었을 텐데 잘 결정했어.

梨のつぶて

감감무소식

연락을 했는데도 답이 없으면 별별 생각이 다 들게 됩니다. 처음엔 뭐 바빠서 그렇겠지, 무슨 사정이 있겠지라고 생각하다가, 시간이 지나면 나를 무시하나라는 피해 의식에 사로잡히기도 하고, 더 시간이 흐르면 상대방에게 잘못된 일이 생긴 것은 아닐까라는 극단적인 생각도 하게 되지요. 이렇게 연락을 해도 회답이 없는 상황에서 쓰는 표현이 바로 梨のつぶて입니다. 'つぶて던진작은돌가 돌아오지 않는다'라는 말에서 유래한 표현으로 '감감무소식', '함흥차사'라는 의미로 쓰입니다. 여기서 梨배는 無し없음를 대신하여 표기한 것으로 큰 의미를 가지고 있지는 않습니다.

실전 대화

A 今度の同窓会、みんな来るって言ってる？
B ううん、さえこだけ、まだ連絡ない。
A え？SNSでもコンタクトとった？
B うん、全部連絡してみたけど、梨のつぶてだった。

A 이번 동창회, 다들 온다고 했어?
B 아니, 사에코는 아직 연락이 없어.
A 응? SNS로도 연락했어?
B 응, 다 해 봤는데 감감무소식이야.

猫の手も借りたい
너무 바빠서 고양이 손이라도 빌리고 싶다

일본 사람들은 고양이를 참 좋아한답니다. 그래서인지 일본어 ことわざ속담나 관용어에 고양이가 들어간 표현이 많은 것 같아요. 새우등처럼 꾸부정한 등을 猫背고양이 등, 뜨거운 것을 잘 못 먹는 것을 猫舌고양이 혀, 개나 소나, 어중이떠중이 모두 다라고 할 때 猫も杓子も고양이도 국자도, 좁고 협소한 장소를 猫の額고양이 이마라고 하지요. 猫の手も借りたい라는 표현은 직역하면 '고양이 손이라고 빌리고 싶다'인데요, 몹시 바쁜 상황을 빗댄 표현입니다.

실전 대화

A あー、忙しい、忙しい。
B また新しいプロジェクト始まったの？
A うん、猫の手も借りたいぐらいだよ。
B でもうれしいんでしょ？仕事中毒だね。

A 아, 바쁘다, 바빠.
B 또 새로운 프로젝트 시작했어?
A 응, 고양이 손이라도 빌리고 싶을 정도로 바빠.
B 그래도 기쁘지? 일중독이야.

寝耳に水

아닌 밤중에 홍두깨, 마른 하늘에 날벼락

寝耳는 '잠귀', '잠결'이라는 단어입니다. 유난히 예민하여 잠귀가 밝은 사람들은 좀처럼 숙면하기가 쉽지 않지요. 귀는 민감한 부위라 작은 자극에도 크게 반응을 하는데요. 만약 잠을 자고 있을 때 귀에 물이 부어지면 얼마나 놀라게 될까요. 寝耳に水라는 표현은 잘 때 느닷없이 귀에 물이 부어져 놀라는 것처럼 상대방이 별안간 엉뚱한 말이나 행동을 할 경우, 혹은 뜻밖의 돌발 사건으로 놀랐을 경우에 사용합니다. 우리말의 '아닌 밤중에 홍두깨'와 같은 의미라고 보시면 됩니다.

실전 대화

A 先輩、仕事辞めるんだって。
B え？寝耳に水なんだけど。
A そうだよね。先輩、今度の企画で中心メンバーになる予定だったから。
B 一番びっくりしてるの、企画部長だろうな。

A 선배가 일 그만둔대.
B 뭐? 아닌 밤중에 웬 홍두깨 같은 소리야.
A 그렇지. 선배가 이번 기획에 중심 멤버가 될 예정이었으니까.
B 가장 충격 받은 건 아마 기획 부장님일 거야.

藪から棒
뜬금없이 갑자기, 아닌 밤중에 홍두깨

공부밖에 모르던 친구가 갑자기 종합 격투기를 한다고 할 때, 열심히 일을 잘하던 부하 직원이 갑자기 회사를 그만두겠다고 할 때, 공부나 외국에는 관심도 없던 친구가 갑자기 유학이 가고 싶다고 할 때 藪から棒(덤불에서 몽둥이)라는 표현이 제일 먼저 떠오르는데요. 이 표현은 '뜬금없이 갑자기', '아닌 밤중에 홍두깨'라는 뜻입니다. 덤불에서 몽둥이가 갑자기 툭 튀어나오는 것처럼 예상치 못한 일이 느닷없이 벌어지거나, 상대방이 뜬금없이 생뚱맞은 말이나 행동을 할 때 쓰는 표현입니다.

실전 대화

A はあ、トルコに移住しようかな。
B え？藪から棒に何言ってるの？
A いやあ、思いつきじゃなくて、前から考えてたんだよ。
B ほんとに？どういうことなのかちょっと詳しく話してよ。

A 흠, 터키로 이민이나 갈까.
B 응? 뜬금없이 뭔 소리야?
A 아니, 갑자기가 아니라 예전부터 생각했었어.
B 정말? 그럼 좀 더 자세하게 말해 봐.

根も葉もない

아무 근거도 없다

요즘은 말도 되지 않는 황당한 이야기를 마치 진짜인 것처럼 꾸며낸 フェイクニュース가짜 뉴스들이 판을 치고 있는데요. 속지 않으려면 팩트 체크를 꼼꼼히 해야 할 것 같아요. 根も葉もない는 직역하면 '뿌리도 잎도 없다'가 되지만 아무런 근거가 없음을 나타내는 표현입니다. 보통 얼토당토않은 噂소문나 사실무근인 이야기에 대해 자주 사용하는 표현입니다.

실전 대화

A はあ、なんで私が森くんとつきあってることになってるの！？
B えっ、みんなそう言ってるけど、違うの？
A 当たり前よ！連絡先も知らないし。
B 根も葉もない噂ってわけね。

A 아 참. 왜 내가 모리와 사귀는 걸로 되어 있는 거야!?
B 어? 다들 그렇게 말하는데 아니야?
A 당연하지! 연락처도 모르는데.
B 전혀 근거도 없는 소문이라는 거네.

ふいになる

허사가 되다

여자 아이돌처럼 방울토마토 몇 알이랑 삶은 달걀 한두 개로 하루하루를 버티는 눈물의 다이어트를 해 왔건만 한순간 치맥의 유혹을 이기지 못해 폭식하게 되어 버렸을 때, 며칠이나 밤샘을 하며 준비한 자료가 컴퓨터 조작 실수로 홀라당 날아가 버렸을 때, 정말 눈앞이 깜깜하고 한숨만 나오게 되는데요. 이렇게 이제껏 노력해 온 일이 한순간에 쓸모없이 될 때 ふいになる^{허사가 되다}라는 표현을 씁니다.

실전 대화

A 雑誌の原稿、ふいになった！
B あの、旅行エッセイの原稿？
A うん、企画が保留になって。初めての執筆の仕事だったのに…。
B 残念だったね。

A 잡지 원고, 허사가 됐어!
B 그 여행 에세이 원고?
A 응, 기획이 보류가 돼서. 인생 첫 집필 작업이었는데….
B 아쉽네.

不意を突く

허를 찌르다

'서울시의 바퀴벌레 수는 몇 마리인가?', '맨홀의 뚜껑이 원형인 이유는?', '흡연과 도박의 장점은 무엇이라고 생각하나?' 이게 무슨 뚱딴지같은 질문이냐고 생각하시겠지만 이 질문은 실제 대기업 면접 과정에서 면접관들이 한 질문이라고 합니다. 전공 지식과 시사 상식으로 중무장한 면접생들에게는 정말 허를 찌르는 질문이 아닐 수 없네요. 이렇듯 상대방이 전혀 예측하지 못한 상태에서 약하거나 허술한 곳을 치는 것을 '허를 찌르다'라고 하지요. 일본어로는 不意を突く라고 합니다. 반대로 '허를 찔리다'라고 할 때는 不意を突かれる라고 하면 됩니다.

실전 대화

(テニスの試合が終わって)
A 今日の試合、悔しかった。
B 最後、惜しかったね。
A 不意を突かれたよ。まさかあんなに速く打ち返してくるなんて。
B あれには僕らも驚いたよ。

(테니스 시합이 끝나고)
A 오늘 시합 정말 분하다.
B 마지막에 아까웠어.
A 허를 찔렸어. 설마 그렇게 빨리 되받아넘기다니.
B 그걸 보는 우리도 놀랐어.

棒に振る

이제까지의 노력을 헛되게 날리다

일본 사극을 보면 어깨에 天秤棒(양 끝에 짐을 매달아 한쪽 어깨에 메는 막대기. 멜대)를 메고 물건을 팔러 다니는 상인들의 모습을 볼 수 있는데요. 야채나 생선을 팔러 다니는 이런 행상인을 棒手振り라고 했습니다. 이 일은 많은 노고에도 별로 돈을 벌지 못했는데요. 이로 인해 점점 棒手振り는 헛된 노력이라는 의미로 변해 갔고, 여기서 유래해 棒に振る라는 표현은 '이제까지의 노력을 헛되게 하다'라는 뜻으로 사용하게 되었습니다.

실전 대화

A お母さん、長い間、悩んできたけど、僕、やっぱり漫画家目指すことにするよ。
B そんな不安定な職業でやっていけるの？
A 挑戦したいんだ。初めはもちろん美術教師もしながらね。
B そうよ。今までさんざん苦労したんだから、その努力を棒に振らないよう全力でやりなさい。

A 엄마, 오랫동안 고민했는데 저는 역시 만화가가 되려고 해요.
B 그렇게 불안정한 직업으로 먹고 살 수 있겠니?
A 도전하고 싶어요. 처음에는 미술 교사도 같이 하면서요.
B 그래. 지금까지 그렇게 고생했으니 그 노력이 헛되지 않도록 최선을 다해 봐.

水の泡になる
물거품이 되다

물거품이 되어 허탈한 것은 사랑하는 남자를 위해 목소리까지 버렸지만 결국은 물거품이 되어 사라져 버린 인어공주의 삶뿐만은 아니지요. 이제까지 열심히 노력해 오던 일이 성과도 없이 한순간에 수포로 돌아갔을 때 그 허탈함은 이루 말할 수가 없어요. 이렇게 지금까지의 苦労^{고생}와 努力^{노력}가 허사가 되었을 때 쓰는 표현이 水の泡になる^{물거품이 되다}입니다. 거품을 빼고 水になる라고도 쓸 수 있습니다.

실전 대화

A もしかしてちょっと太った？
B うん、やせた途端、我慢してた物、食べたくなって…。
A リバウンドしたってわけね。
B そう、ダイエットも水の泡。

A 혹시 조금 살쪘어?
B 응, 살 빼자마자 참았던 게 먹고 싶어져서….
A 요요 현상이 왔다는 거네.
B 맞아, 다이어트가 물거품이 됐어.

目鼻が付く

윤곽이 잡히다

目鼻が付く는 직역하면 '눈코가 붙다'이지만, 어떤 일이 윤곽이 드러나거나 틀이 잡혀 구체화될 때 사용하는 표현입니다. 그림을 그리거나 인형을 만들 때 얼굴에 눈이랑 코를 붙임으로써 전체적인 형태나 이미지가 잡혀 가는 데서 유래한 표현입니다.

실전 대화

(舞台準備)
A お疲れ。ちょっと休けいしよう。
B はい。舞台、いよいよできてきましたね。
A 照明も背景もできて、目鼻が付いてきたから、あとはセッティングの確認だな。
B はい、がんばりましょう。

(무대 준비)
A 수고했어. 잠깐 쉬자.
B 네. 이제 무대가 거의 다 되어 가네요.
A 조명도 배경도 다 되어서 윤곽이 잡혔으니까 나머지는 위치만 확인하면 되네.
B 네, 힘내자고요.

藁にも縋る

지푸라기라도 붙잡다

사람이 정말 절박한 상황에 닥치면 전혀 도움이 안 돼 보이는 것에도 의지를 하게 되는데요. 이런 것을 藁にも縋る_{지푸라기에라도 매달린다}라고 하지요. 이러다 보니 가끔은 이성적으로 판단하지 못하고 藁にも縋る思い_{지푸라기라도 잡는 심정}로 한 일들이 사기를 당하는 경우도 많은 것 같아요. 말기 암 환자들이 사기꾼들이 파는 가짜 약을 사 먹고 피해를 보는 사례와 같이 말이죠. 이 표현을 藁をも縋る라고 쓰는 경우가 있는데요. 이는 溺れる者は藁をも掴む_{물에 빠진 사람은 지푸라기라도 붙잡는다}에서 온 오용된 표현이니 잘못 쓰지 않도록 주의합시다.

실전 대화

A 見て。これが私のフィアンセ。
B やさしそう。どこで知り合ったの？
A 結婚相談所。藁にも縋がる思いで登録したんだ。
B そして見事に成功したってわけね。やるね！

A 봐 봐. 여기 내 약혼자야.
B 착해 보이네. 어디서 만났어?
A 결혼 상담소. 지푸라기라도 붙잡고 싶어서 등록했어.
B 그랬더니 멋지게 성공한 거네. 잘했어!

PART

7 생각, 판단, 걱정

気が気でない

(걱정이 되어) 안절부절 못하다

시험 결과, 병원에서의 검사 결과 등 무엇인가 중요한 결과를 기다리는 상황에서는 늘 마음이 불안해지는 것 같아요. 특히 나쁜 결과가 예측되어 질 경우라면 더욱더 그러하지요. 이렇게 어떤 심각한 気掛かり(걱정거리)로 마음이 놓이지 않아 안절부절 못하는 것을 気が気でない라고 합니다. 気が気じゃない라고도 쓸 수 있습니다.

실전 대화

A 今日、課長、様子が変だね。
B 奥さん、お産なんだって。
A あー、それで気が気でないのか。
B うん、課長、本当は休みとる予定だったのに、ほら、今日、契約入ったじゃない。それでね。

A 오늘 과장님 좀 이상해 보이네.
B 부인이 출산 예정이래.
A 아, 그래서 안절부절 못하는 거구나.
B 응, 과장님 원래는 쉬려고 했는데, 오늘 계약이 들어왔잖아. 그래서 말이야.

気に病む

걱정하다, 고민하다, 마음에 두다

일본어에는 気마음, 정신, 생각가 들어간 관용어들이 참 많습니다. 気 뒤에 病む병들다, 앓다라는 동사를 붙여 気に病む라고 하면 '걱정하다'라는 뜻이 됩니다. 걱정거리를 마음에 두고 혼자 끙끙 앓다 보면 화병 같은 스트레스성 질환 등이 생겨 진짜 몸까지 아플 수 있답니다. 그러니 마음속 응어리나 고민이 있으면 혼자 힘들어하지 말고 주변 사람들과 공유하는 것도 좋을 것 같아요.

실전 대화

A あー、お客さんに悪いことしたな。
B 仕方ないよ。事故だったんだから。
A でも、白いシャツにソースかけちゃったから。
B 謝ったし、クリーニング代も出したじゃない。そんなに気に病むことじゃないよ。

A 아, 손님한테 미안하게 됐네.
B 어쩔 수 없어. 사고였으니까.
A 하지만 흰 셔츠에 소스를 쏟았잖아.
B 사과하고 세탁비까지 줬잖아. 그렇게까지 마음에 두지 않아도 돼.

白黒をつける

흑백을 가리다, 시비를 가리다

세상만사 모든 일을 선 아니면 악, 흑 아니면 백으로 단정 짓는 白黒論理흑백논리는 당연히 지양해야 하겠지요. 그렇지만 옳고 그름을 확실하게 가려야 할 때는 또 확실하게 해야겠지요. 그럴 때 보통 어느 쪽이 옳은지 '시시비비를 가리다', '흑백을 가리다'라는 말을 많이 쓰는데요. 이 표현이 바로 白黒をつける입니다. 유사한 표현으로는 白黒をはっきりさせる가 있습니다.

실전 대화

A 昨日ドラマ、見た？
B うん、すごい展開だったね。
A 家族間のささいなケンカがまさか法廷で白黒をつけることになるとは。
B ドラマだからね。

A 어제 드라마 봤어?
B 응, 이야기 전개가 굉장했어.
A 가족 간의 사소한 말다툼이 설마 법정까지 가서 흑백을 가리게 될 줄이야.
B 드라마잖아.

心を砕く

이런저런 걱정을 하거나 신경을 쓰다

砕く는 '부수다'라는 단어인데요. 身を砕く 라고 하면 '몹시 고생하며 애쓰다'라는 뜻이 되고, 心を砕く 라고 하면 '여러 가지로 마음을 쓰다', '노심초사하다', '이런저런 걱정을 하다'라는 뜻이 됩니다. 보통은 좋은 결과를 내기 위해서 여러 가지로 신경을 쓰거나, 나쁜 결과로 이어지지 않을까 마음을 졸일 때 자주 쓰는 표현입니다.

실전 대화

A お、何見てんの？
B 週末、デートするから、レストラン探してるんだ。彼女、好き嫌い激しいからさ。
A いつもマメだね。
B そうだろ？俺、すごい心砕いてるだろ？

A 어, 뭐 보고 있어?
B 주말에 데이트해서 레스토랑 찾고 있어. 여자 친구가 음식을 많이 가리거든.
A 항상 잘 챙겨주네.
B 그렇지? 이래저래 엄청 신경 쓰지?

太鼓判を押す
틀림없다고 확신하다

예전에는 중요한 서류 작성을 할 때 무조건 判子^{도장}가 있어야 했지만 요즘은 サイン^{사인}으로 대체하는 경우가 많이 늘어난 것 같아요. 그렇지만 일본은 여전히 사인보다 도장을 많이 씁니다. 보통 일상생활에서는 名字^성만 있는 도장을 많이 쓰는데요. 다이소 같은 생활용품점에 가면 기성품으로 만들어진 도장을 많이 판매하고 있답니다. 太鼓判은 '큼직한 도장'이라는 뜻인데요, 太鼓判を押す^{큼직한 도장을 찍다}라고 하면 '틀림없음을 보증하다', '장담하다' 라는 뜻이 됩니다.

실전 대화

A 今度、東京に旅行に行くんだけど、どこかいいホテル知ってる？

B 新宿のグレイスリーホテルいいわよ。部屋もきれいで、サービスもいいし、アクセスも抜群。

A あ、そこ、ネットで見たけど、人気なさそうだったよ。

B まだ新しいからね。でも私、実際に泊まったことあるから、太鼓判押す。絶対いいよ。

A 이번에 도쿄 여행 가는데, 어디 괜찮은 호텔 알아?

B 신주쿠의 그레이스리호텔 좋아. 방도 예쁘고 서비스도 좋고 교통편도 좋아.

A 아, 거기는 인터넷에서 봤는데 인기 없어 보였어.

B 아직 오픈한 지 얼마 안 돼서 그래. 하지만 실제로 묵은 적 있는 내가 확실히 말할게. 완전 좋아.

長い目で見る
길게 보다, 긴 안목으로 보다

白い目で見る_{흰 눈으로 보다}라는 표현은 '남을 무시하거나 업신여기는 태도로 흘겨보다'라는 뜻입니다. 같은 뜻으로 우리는 '백안시하다'라는 말을 쓰지요. 그럼, 長い目で見る_{긴 눈으로 보다}는 무슨 뜻일까요? 切れ長の目_{길게 찢어진 눈}로 본다는 뜻이 아니고요. 다가올 미래에 대해 기대감을 갖고, 긴 안목으로 느긋하게 지켜보는 것을 나타내는 말입니다.

실전 대화

A 進路先、もう決めた？

B うん、私、看護学部に進学することにした。

A え？絵の勉強したいって言ってなかったっけ？

B うん、そうなんだけど、人生を長い目で見て考えると、看護師の仕事なら一生続けられると思って。

A 진로 정했어?

B 응, 나 간호학과 진학하기로 했어.

A 어? 그림 공부하고 싶다고 하지 않았어?

B 응, 그렇지만 인생을 길게 보고 생각하니 간호사란 직업은 평생 쭉 할 수 있을 것 같아서.

臍を噛む

후회하다

일본어로 '배꼽'은 臍 혹은 臍라고 합니다. 배꼽이 들어간 재미있는 관용어로는 臍で茶を沸かす^{배꼽으로 차를 끓이다}가 있습니다. 이 표현은 '너무 웃겨서 배꼽이 빠진다'는 뜻입니다. 이것 못지않게 재미있는 표현으로는 臍を噛む가 있습니다. 직역하면 '배꼽을 깨물다'인데요. 자신의 배꼽은 아무리 깨물려고 해도 입이 닿지 않아 깨물 수 없지요. 이처럼 되돌릴 수 없는 일을 하고 몹시 후회하는 것을 나타낸 표현입니다.

실전 대화

A もう一度人生をやり直せるとしたら、いつに戻りたい？
B 僕は大学時代。彼女とケンカ別れしちゃってさ。
A じゃあ別れてなかったら結婚してたかも？
B うん。本当に好きだったから、「あの時彼女にちゃんと謝ってたら」って、今でも臍を噛む思いだよ。

A 다시 인생을 시작할 수 있다면 언제로 돌아가고 싶어?
B 난 대학 시절. 여자 친구랑 싸우고 헤어져 버렸거든.
A 그럼 헤어지지 않았다면 결혼했을지도?
B 응, 정말 좋아했었으니까. '그때 여자 친구한테 제대로 사과했었으면' 하고 지금도 후회가 돼.

枕を高くする

안심하고 자다

흔히 베개를 높게 하고 자면 목 디스크에 걸리기 쉽고 혈액 순환도 잘 되지 않아 건강에 좋지 않다고들 하지요. 高枕短命고침단명-높은 베개를 베고 자면 일찍 죽음이라는 고사성어가 있을 정도니 정말로 베개는 낮게 베는 것이 좋을 것 같아요. 그런데 일본어에는 아이러니하게 枕を高くする베개를 높게 하고 자다라는 표현이 '안심하고 자다', '두 다리 뻗고 편히 자다'라는 뜻으로 쓰입니다. 옛날 중국 전국 시대에는 불시에 나타나는 적의 기습에 대비하고자 귀를 땅에 대고 잤다고 합니다. 그러면 멀리서 들리는 소리까지 잘 들을 수 있으니까요. 만약에 습격해 올 적, 즉 걱정거리가 없으면 베개를 높이 베고 편히 잘 수 있겠지요. 이 표현은 바로 여기서 유래했다고 합니다.

실전 대화

A ついに借金返済終了！
B おめでとう！長かったね！
A 10年だよ。これでやっと枕を高くして寝られる。
B そうだね、安心してゆっくり休んで。

A 드디어 빚을 다 갚았다!
B 축하해! 오래 걸렸네!
A 10년이야. 이제 안심하고 잘 수 있어.
B 그래, 안심하고 푹 쉬어.

虫がいい
자기 중심적이다, 자신만 생각하고 남은 생각하지 않다

남의 입장은 고려하지 않고 자신의 형편만을 생각해 제멋대로 행동하는 것을 虫がいい라고 합니다. 이렇게 뻔뻔하고, 얌체 같고, 이기적인 행동을 자주 하면 주변 사람들에게 왕따를 당할지도 몰라요. 虫のいい話라는 표현도 많이 쓰는데요. 이야기의 내용이 자신에게만 유리한 내용, 즉 조건이나 제안 등이 자신에게만 유리할 경우에 사용하는 표현입니다.

실전 대화

A あー、かおりはいつになったら俺のところに戻ってくるんだ？
B まだかおりに未練あるの？
A 未練じゃなくて、俺たちはそういう運命なんだよ。必ず結婚するさ。
B そんな虫のいいこと言って。そろそろあきらめろ。

A 아, 가오리는 언제쯤 나한테 돌아올까?
B 아직 가오리한테 미련이 있는 거야?
A 미련이 아니고 우린 그럴 운명이라는 거야. 꼭 결혼하게 돼.
B 그렇게 네 생각만 하고. 그만 포기해.

虫が知らせる

무언가 일어날 듯한 예감이 들다

앞서 虫が好かない 이유 없이 싫다라는 표현에서도 한 번 설명 드린 적이 있는데요. 옛날 일본 사람들은 사람의 배 속에 벌레가 살고 있고 그 벌레가 인간의 의식이나 감정을 컨트롤한다는 생각을 했다고 합니다. 이러한 속설에서 유래해 어쩐지 불길한 예감이 들 때 虫の知らせ라고 합니다. 虫が知らせる도 같은 표현으로 '무슨 안 좋은 일이 일어날 듯한 예감이 들다'라는 뜻입니다.

 실전 대화

　　　(テレビのニュースを見ながら)
A　あの飛行機事故からもう20年経つな。
B　実は、俺、あの飛行機に乗る予定だったんだけど、急に体の具合が悪くなってキャンセルしてたんだ。
A　マジ？ 虫の知らせかな？
B　うん、虫が知らせてくれたんだと思う。

　　(텔레비전 뉴스를 보면서)
A　그 비행기 사고가 일어난 지 벌써 20년이 됐네.
B　실은 나 그 비행기 탈 예정이었는데 갑자기 몸이 안 좋아져서 취소했었거든.
A　정말? 뭔 일이 일어날 듯한 예감이 들었나?
B　응, 예감이 들었나 봐.

PART 8

마음, 정신

きもち

後ろ髪を引かれる
미련이 남아서 떨쳐 버리지 못하다

상대방의 머리채를 먼저 잡아채서 당기는 행위는 싸움에서 기선을 제압하는 아주 중요한 기술이 아닐 수 없지요. 그러다가 서로 엉겨 붙어 머리끄덩이를 같이 잡으면 본격적인 육탄전으로 번지게 됩니다. 일본어에 後ろ髪を引かれる라는 말이 있는데요. 한바탕 몸싸움을 벌이는 상황에서 뒷머리채가 잡힌다는 뜻이 아니라, 미련이 남아 떨쳐 버리지 못한다는 의미입니다. 뒷머리채가 꽉 잡히면 앞으로 나아가려 해도 나갈 수 없는 것처럼, 확실하게 단념하지 못하고 미련에 사로잡혀 있는 상태를 비유해서 나타낸 표현이라고 할 수 있겠습니다.

실전 대화

A この前の連休、久しぶりに韓国帰ったんだって？
B うん、日本支社に異動になって、1年ぶりに家族に会えたよ。
A 楽しかっただろ？
B うん、でも、別れる時、子どもたちに泣かれて、後ろ髪を引かれる思いだったよ。

A 이번 연휴에 오랜만에 한국에 갔다면서?
B 응, 일본 지사에 온 지 1년만에 가족을 만날 수 있었어.
A 좋았지?
B 응. 근데 떠날 때 아이들이 울고 하니까 떨쳐 버리지 못할 것 같았어.

上の空
うわ そら

정신이 딴 데 가 있어서 멍한 상태

결혼식장에서 주례 선생님의 주례사가 아무리 그 뜻이 심오하고 좋다고 하더라도 오롯이 주례사만 집중해 듣는 사람이 과연 몇이나 있을까요. 저 같은 경우에는 보통 오늘 뷔페는 맛있을까? 결혼식은 언제 끝나나? 신랑 신부 신혼여행은 어디로 가나? 이런 저런 생각을 하며 주례사는 건성으로 듣는 경우가 많거든요. 이렇게 다른 일에 정신이 팔려 주의를 기울이지 않는 상태를 上の空라고 합니다. 보통 이런 상태일 때는 일을 성의 없이 대충 건성으로 하게 되지요.

실전 대화

A こら、なに上の空になってるんだ！

B すっ…すみません。あんまり空がきれいだから…。

A バカもん！今、お前が見なきゃいけないのは、この教科書だ。しっかり見ろ！

B はっ、はい！

A 야, 뭘 멍하게 있는 거야!

B 죄…죄송합니다. 하늘이 너무 예뻐서요….

A 바보 같은 녀석! 지금 네가 봐야 되는 건 이 교과서다. 제대로 봐!

B 네, 넵!

肩の荷が下りる

힘든 일이 끝나 홀가분해지다

부담이 되거나 책임을 져야 하는 일이 남아 있으면 마음 한구석이 늘 불편하지요. 부모가 자식을 다 책임져야 하는 것은 아니지만 어디 부모 마음이 그런가요. 다 큰 자식이 취직도 안 하고 집에서 뒹굴 거릴 때, 벌써 손주 볼 나이가 훌쩍 지났는데도 자식이 결혼할 생각은커녕 애인도 안 사귀고 있을 때. 이럴 때 부모님들은 웃어도 웃는 게 아닌 심정일 거에요. 이때 만약 취직과 결혼 소식을 듣게 되면 肩の荷が下りる라는 표현이 절로 나오게 될 텐데요. 직역하면 '어깨의 짐이 내려지다'라는 뜻이지만 책임이나 부담에서 해방되어 '마음이 홀가분해지다', '한시름 놓다'라는 의미로 쓰이는 표현입니다.

실전 대화

A 息子も就職して家も出たし、やっと母親業から解放されたわ。
B ついに肩の荷が下りたわね。
A でも、結婚がまだ残ってるわ。
B あー、息子さんの結婚でしょ？みさこ、ほんと心配性なんだから。

A 아들도 취직해서 독립했고, 겨우 엄마 역할에서 해방됐어.
B 드디어 홀가분해졌겠네.
A 근데 아직 결혼이 남았어.
B 아, 아들 결혼 말이지? 미사코는 정말 걱정이 많네.

狐につままれる

귀신에 홀린 것처럼 얼빠지다

일본어에는 狐여우가 들어간 표현들이 꽤 있는데요. 우리나라에서도 맑은 날에 잠깐 흩뿌리는 비를 '여우비'라고 하지요. 일본에서는 狐の嫁入り라고 합니다. 우리도 '이럴 때 여우가 시집갔나?'라는 말을 하곤 하지요. 여우가 油揚げ유부를 좋아한다는 속설에서 유부우동을 きつねうどん이라고도 합니다. 그리고 일의 내막이 어떻게 되는지 몰라 정신을 차리지 못할 때 우리는 도깨비에 홀린 것 같다고 하는데 일본에서는 狐につままれる라고 합니다.

실전 대화

A 朝から狐につままれたみたいな顔してどうしたの?
B 会社に来る途中で、携帯をなくしたみたいなんだけど、考えても考えてもどこでなくしたのか、思い出せないんだ。
A 電話してみた?
B うん。でも、ベルが一回鳴ったと思ったら、その次からは電源が切れたままでさ、たぶん、見つからないと思う。

A 아침부터 얼빠진 얼굴을 하고 왜 그래?
B 회사에 오다가 휴대 전화를 잃어버린 것 같은데, 아무리 생각해 봐도 어디서 잃어버렸는지 기억이 안나.
A 전화는 해 봤어?
B 응. 근데 신호가 한 번 울리더니 그 다음부터는 전원이 꺼져 있다고 나와. 아마 못 찾을 것 같아.

喉から手が出る
몹시 갖고 싶은 마음을 비유

喉から手が出る를 직역하면 '목에서 손이 나오다'가 됩니다. SF 호러 영화에서 괴생명체의 입에서 손이 튀어나오는 것도 아니고 이게 무슨 엽기적인 표현인가 하시겠지만, 일본에서는 실생활에서 자주 쓰는 관용어에요. 참을 수 없을 만큼 몹시 갖고 싶은 마음을 비유한 표현인데요. 보통 뒤에 ほど만큼를 붙여 '목에서 손이 나올 만큼 갖고 싶다'라는 식의 형태로 주로 쓰입니다.

실전 대화

A あー、このフィギュア、喉から手が出るほどほしい！
B じゃあ、買えば？
A でも、これを買うとバイト代入るまで毎日カップラーメンだよ。
B (あきれながら)じゃあ、あきらめたら？

A 아, 이 피규어 너무 갖고 싶은데!
B 그럼 사면 되잖아?
A 근데 이걸 사면 아르바이트 돈 들어올 때까지 맨날 컵라면 먹어야 돼.
B (어이없다고 느끼면서) 그럼 포기하든가?

腹が黒い

꿍꿍이가 있다, 엉큼하다

겉으로는 자신의 생각을 드러내지 않고 마냥 좋은 사람인 것처럼 행동하지만 속으로는 나쁜 계략을 꾸미거나 엉큼한 생각을 하는 사람들이 있어요. 우리는 보통 이렇게 겉과 속이 다른 사람들을 보면 '속이 시꺼멓다', '뭔가 꿍꿍이가 있다'라며 의심의 눈초리를 거두지 못하지요. 일본에서도 이럴 때 腹が黒い라는 비슷한 표현을 씁니다.

실전 대화

A うわあ、美和、そのカバン、新しく出たやつ？めっちゃかわいい！
B うん、彼に買ってもらったの。
A あのお金持ちの彼？でもどこがよくて付き合ってるの？無愛想で見た目も微妙だし…。
B みんなにお金目当てで彼と付き合ってるって、腹黒いって言われるけど、違うのよ。私にとっては、いい人なの。

A 우왓, 미와, 그 가방 새로 나온 거네? 완전 예뻐!
B 응, 남자 친구가 사 줬어.
A 그 부자 남자 친구? 근데 어디가 맘에 들어서 만나는 거야? 무뚝뚝하고 외모도 좀 그렇고….
B 다들 내가 돈 때문에 사귄다고 엉큼하다고 말하는데, 아니야. 나한텐 좋은 사람이야.

腹を括る

각오하다

한 번 걸린 감기가 낫지 않고 오래 가는 등 건강이 예전 같지 않다고 느껴지면 이번에야 말로 금연하고 말겠다며 각오를 다지는 애연가분들이 많으시지요. 무슨 일이든 이렇게 약간의 위기감이 있어야 각오를 굳게 다지는 것 같아요. 腹を括る는 '마음을 굳게 먹다, 단단히 각오하다'라는 표현입니다. 括る는 '매다, 묶다'라는 뜻이고, 여기서 腹는 실제 배가 아니라 마음을 뜻하는 것으로 어떤 일이 벌어지더라도 동요하지 않도록 단단히 결의를 다지는 것을 의미합니다.

실전 대화

A お前、みかちゃんと結婚するんだって?
B うん、最近、向こうのご両親にあいさつに行ってきた。
A もう今までみたいにフラフラできないな。
B おお、もう腹は括った。ちゃんとした就職先も見つけたし、これからはまじめにがんばるよ。

A 너, 미카랑 결혼한다면서?
B 응, 최근에 장인 장모님께 인사드리고 왔어.
A 이제 지금처럼 대충 있을 순 없겠네.
B 맞아. 이제 각오했어. 제대로 된 일자리도 찾았으니까 앞으로는 성실하게 살려고.

腹を探る

마음을 떠보다

썸을 타는 시기엔 상대방이 나를 좋아하는지 어떤지 자꾸만 확인하고 싶어지지요. 그래서 넌지시 상대의 의중을 떠보기 위해 여러 가지 방법을 쓰기도 하는데요. 은근슬쩍 진심을 유도하는 문자를 보내기도 하고 말이죠. 이렇게 다른 사람의 마음을 떠보는 것을 일본어로는 腹を探る라고 합니다. 腹는 '배'라는 뜻 이외에 '속마음'이나 '속생각'이라는 뜻이 있습니다. 따라서 腹を探る는 '배를 살피다'라는 뜻이 아니라 '상대방의 속마음을 살피다', 즉 '상대의 마음을 떠보다'라는 뜻이 됩니다.

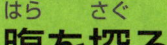 실전 대화

A 新商品の取引額ですけど、100万円でどうですか。
B よし、とりあえずその額で相手の腹を探って来い。
A わかりました。じゃあ、早速行ってきます。
B おお、健闘を祈る。

A 신상품 계약 금액 백만 엔으로 어떨까요?
B 좋아, 우선 그 금액으로 마음을 떠보고 와라.
A 네, 알겠습니다. 그럼 바로 다녀오겠습니다.
B 응, 건투를 비네.

PART 9 행동, 실행

一か八か
결과가 어떻게 되든 운에 맡기고 해 보다

살다 보면 결과야 어떻게 되든 과감하게 결정을 내려야 하는 순간들이 있습니다. 그럴 때면 우리는 '모 아니면 도다', '흥하든 망하든 한 번 해 보자'라며 운을 하늘에 맡기고 어떤 일을 감행하는 경우가 있지요. 이럴 때 쓸 수 있는 표현이 一か八か입니다. 一는 半홀수, 八는 丁짝수의 윗부분만을 따온 것으로, 주사위를 던져 半홀수와 丁짝수로 승부를 결정하는 도박판에서 유래한 말이라는 속설이 있습니다.

실전 대화

A お前の奥さん、きれいだよな。

B そうだろ？

A あんな美人、どうやってつかまえたんだ？

B すごい美人だから、一か八かで告白したら、うまくいって、付き合うことになって、結婚できたんだ。

A 와이프 진짜 예쁘네.

B 그치?

A 저런 미인을 어떻게 잡은 거야?

B 너무 예뻐서 무작정 고백했는데, 그게 잘돼서 사귀게 되고, 결혼까지 하게 됐어.

一糸乱れず
いっしみだ

일사불란

일본 후쿠시마 대지진이 일어났을 때, 그 피해가 너무 커서도 놀랐지만, 긴급 대피 명령에 따라 일사분란하게 움직이는 시민들의 모습을 보고 또 한 번 놀랐답니다. 지진으로 마을이 쑥대밭이 되었다면 경황이 없어 우왕좌왕할 만도 한데 역시 일본인들의 질서 의식은 높이 살 만한 것 같아요. 이럴 때 쓸 수 있는 말이 一糸乱れず인데요. 一糸는 '한 가닥의 실', 乱れる는 '흐트러지다'라는 뜻입니다. 따라서 一糸乱れず는 '한 올의 실도 흐트러지지 않다' 즉, 그 정도로 일사분란하거나 질서나 체계가 잘 잡혀 있음을 나타내는 표현입니다.

 실전 대화

A ここがバッキンガム宮殿か。
B 衛兵の交代式やってるよ！
A テレビでは見たことあるけど、本物は初めて。やっぱり、みんな動きがぴったりそろってるね。
B うん、一糸乱れず行進してる。

A 여기가 버킹엄 궁전이구나.
B 근위병 교대식을 하고 있네!
A 텔레비전에서 본 적은 있지만 실제로 보는 건 처음이야. 역시 모두 움직임이 척척 맞네.
B 응, 일사불란한 행진하네.

釘を刺す

(딴소리 못하도록) 못을 박다

나중에 딴소리를 하지 못하도록 확실하게 다짐을 해 둘 때 '못을 박다'라는 말을 쓰지요. 일본어로는 釘を刺す라고 합니다. 이 표현은 일본의 건축 공법에서 유래한 말인데요. 옛날 일본의 건축물은 대부분 목조 가옥들이었고, 못을 박지 않고 깎아서 맞추어 끼우는 방식으로 집을 지었다고 합니다. 그러다가 언젠가부터 만약을 대비해 못을 박기 시작했는데요. 여기서 유래해 에도 시대부터 釘を刺す라는 말이 쓰이기 시작했습니다. 비슷한 표현으로는 念を押す다짐하다, 몇 번이고 확인하다가 있습니다.

실전 대화

A あれ？珍しいな。君が授業前に教室に来てるなんて。
B うん、実は教授にこれ以上遅刻しないように釘刺されたんだ。
A そうだったんだ。
B 僕も単位は落としたくないから、これからはまじめに出席することにしたよ。

A 어? 신기하네. 네가 수업 전에 교실에 다 와 있고.
B 응, 실은 교수님이 더 이상 지각하지 말라고 못을 박아 얘기해서 말이야.
A 그렇구나.
B 나도 학점을 못 따면 안 되니까 앞으로는 성실히 출석하기로 했어.

草の根を分けて捜す
(모든 방법을 써서) 샅샅이 찾다

방금까지 있던 물건이 사라져 온 집안을 구석구석 뒤지며 찾느라 애를 먹은 적이 한 번씩은 있으시지요. 건망증이 심한 저에게는 이런 경우가 일상다반사입니다. 주로 감쪽같이 사라지는 물건으로는 텔레비전 리모컨, 휴대 전화, 자동차 키 등이 있고요. 빨리 안 찾아져서 제일 답답한 물건은 바로 안경이네요. 이럴 때 쓰는 표현이 바로 草の根を分けて捜す입니다. 직역하면 '풀뿌리를 헤쳐서 찾다'이지만 온갖 방법을 다 동원해 '샅샅이 찾다'라는 뜻의 관용어입니다.

실전 대화

A この辺りなのか？盗まれた一億円があるのは？
B はい。犯人の供述によれば、この辺りに隠したとのことです。
A じゃあ、草の根を分けてでも捜し出せ！
B はい。

A 이 주변이야? 도둑맞은 1억 엔이 있다는 곳이?
B 네, 범인의 진술에 의하면 이 주변에 숨겼다고 합니다.
A 그럼 모든 방법을 써서 샅샅이 찾아!
B 네.

口火を切る
(원인이 되는 무엇을) 먼저 시작하다, 불을 지피다

지금은 K-POP이 전 세계 한류의 중심이 되었지만 韓流ブーム한류 열풍의 도화선이 된 것은 역시 뭐니 뭐니 해도 冬のソナタ겨울연가의 ヨン樣욘사마의 등장이었지요. 이렇게 제일 먼저 시작해서 어떤 일의 계기를 만들 때 우리는 '도화선에 불을 댕기다'라는 표현을 쓰는데요. 일본에서는 口火점화에 사용하는 불라는 단어를 사용해 口火を切る라고 합니다.

 실전 대화

(学校の部室で)
A はあ、大掃除って疲れる。
B まだ半分も終わってないよ。
A こんなに大変なこと、どうしてすることになったの？
B 口火を切ったのは君だよ。部室をきれいにして、部員を増やそうって言ったじゃない。

(학교 동아리실에서)
A 휴, 대청소는 힘드네.
B 아직 반도 끝나지 않았어.
A 이렇게 힘든 걸 왜 하게 된 거야?
B 불을 지핀 건 너야. 방을 깨끗하게 해서 부원을 늘리자고 했잖아.

首を長くする
くび　なが

목을 빼고 기다리다

어릴 적, 생일이나 소풍 가는 날을 달력에 크게 동그라미를 쳐 놓고, 몇 밤만 자면 되는지 늘 확인하곤 했었는데요. 지금 생각해 보면 막상 기다리던 날이 되었을 때보다 그날이 될 때까지 기다리던 시간이 더 행복했던 것 같아요. 아무튼 이렇게 무엇인가를 몹시 애타게 기다릴 때 우리는 눈이 빠지게 기다리다라든가 목이 빠지게 기다리다라는 말을 쓰는데요. 여기에 해당하는 표현이 바로 首を長くする입니다. 首を長くして待つ의 형태로도 많이 쓰이니 함께 알아 둡시다.

실전 대화

(保育園で)

A こんばんは。お迎えが遅くなりました。
B お母さん、おかえりなさい。
A あら、うちの悠人、寝ちゃいました？
B ええ、さっきまで、首を長くして待ってたんですけどね。

(어린이집에서)

A 안녕하세요. 좀 늦었습니다.
B 어머님, 어서 오세요.
A 어머, 우리 유토 잠들었네요?
B 네, 아까까지 목이 빠지게 기다리고 있었어요.

腰を折る

(남이 하는 뭔가를) 중간에서 끊다

腰を折る는 '허리를 굽히다(인사하다)'는 뜻 이외에 '중간에서 기운을 끊다'라는 뜻이 있습니다. 보통 話の腰を折る라는 형태로 많이 사용되어지는데요. 다른 사람이 말을 하고 있는데 중간에서 말을 끊는다는 의미입니다. 함께 대화하기 싫은 부류의 사람으로는 남의 말은 듣지 않고 자신의 이야기만 침 튀기며 하는 사람도 있지만, 이렇게 남의 이야기가 다 끝나지도 않았는데 말참견을 하거나 중간에서 똑똑 말허리를 끊는 사람도 있네요. 腰を折る와 비슷한 형태의 관용어로는 腰が折れる가 있습니다. 이 표현은 '방해를 받아 일이 중간에서 무산되다'라는 뜻입니다.

실전 대화

(今後の事業展開について会議中)
A 話の腰を折るようで申し訳ありませんが…。
B 言ってみなさい。
A 我が社は、新しい挑戦をするべきではないでしょうか。
B 具体的に話してみなさい。

(앞으로 사업 전개에 대해 회의 중)
A 이야기를 중간에 끊어서 죄송합니다만….
B 말해 보세요.
A 우리 회사는 새로운 도전을 하는 게 좋지 않을까요?
B 구체적으로 말해 보세요.

さじを投(な)げる

가망이 없어 포기하다

さじを投げる는 직역하면 '숟가락을 던지다'지만 실제 뜻은 '가망이 없어 포기하다'입니다. 여기서 さじ는 약을 조제할 때 쓰는 약숟가락을 의미하는데요. 에도 시대에는 의학이 그다지 발달하지 않아 주로 약을 지어서 치료를 했어요. 그런데 의사가 환자를 더 이상 살릴 가망성이 없다고 판단해 약을 조제할 때 쓰는 약숟가락을 던졌다는 데서 유래한 표현입니다.

실전 대화

A お前、公務員試験の勉強、順調にいってる？
B あー、あれ、もうやめたよ。
A またさじを投げたのか？今回は3ヶ月で？
B じっと座って複雑な文章を読むのは、やっぱり向いてないみたい。

A 너 고시 공부 잘 돼 가?
B 아니, 이미 그만뒀어.
A 또 포기했어? 이번에는 3개월로?
B 가만히 앉아서 복잡한 문장을 읽는 건 역시 적성에 안 맞는 것 같아.

尻尾を巻く

꽁무니를 빼다

개들은 자기보다 힘센 개를 만나 두려움을 느끼면 꼬리를 뒷다리 사이에 감추는 행위를 한다고 합니다. 보통 이러한 행위를 '꼬리를 말다'라고 합니다. 사람도 자기보다 월등히 강한 상대나 두려운 상황에 직면하게 되면 맞서기 보다는 피하려는 경향이 강한데요. 이럴 때 쓰는 표현이 尻尾を巻く입니다. 직역하면 '꼬리를 말다'이지만 '슬그머니 피하여 물러나다', '꽁무니를 빼다'라는 의미로 쓰이는 표현입니다.

실전 대화

A モデルのオーディション、どうだった？
B 結局、オーディション受けずに、尻尾巻いて帰ってきちゃった。
A ええ？どうして？
B みんなすごくきれいで、自信なくなっちゃったんだ。

A 모델 오디션 어땠어?
B 결국 오디션 나가지 않고 꽁무니를 빼고 돌아왔어.
A 에? 왜?
B 다들 너무 예뻐서 자신이 없어졌어.

尻馬に乗る
분별없이 남을 따라 경솔한 행동을 하다

논어에 보면 군자는 화합하지만 부화뇌동하지 않고, 소인은 부화뇌동하지만 화합하지 않는다는 공자 말씀이 있습니다. 부화뇌동은 줏대 없이 그저 남의 의견에 동조하여 남이 하는 대로 덩달아 따라하는 것을 의미하는데요. 이러한 자세는 정말 지양하는 게 좋을 것 같아요. 일본어에도 부화뇌동과 비슷한 표현이 있는데요. 바로 尻馬に乗る입니다. '남이 타고 있는 말 엉덩이에 탄다'는 뜻으로 뚜렷한 소신 없이 다른 사람의 언동에 동조해 경솔한 행동을 한다는 표현입니다.

실전 대화

A 今回の企画、失敗だな。
B 何でこんな企画が通ったんだろう？
A 会議の時、みんな意見を出さなかったんだよ。
B みんなが人の尻馬に乗った結果だね。

A 이번 기획은 실패네.
B 왜 이런 기획이 통과된 거지?
A 회의 때 다들 의견을 말하지 않았어.
B 모두 분별없이 남의 의견에 따른 결과네.

手塩にかける

소중하게 기르다

蘭^난이나 盆栽^{분재}, 一人娘^{외동딸}를 기르시는 분들의 공통점은 바로 정성을 들여 손수 애지중지하게 키운다는 점인 것 같아요. 이럴 때 쓸 수 있는 말이 手塩にかける입니다. 手塩는 옛날에 식탁 위에 올려놓았던 소금을 말하는데요. 남에게 맡기지 않고 소금의 양을 스스로 조절해 쓰는 것에서 유래해 手塩にかける라는 표현이 생겨났다고 합니다. 뜻은 '소중하게 기르다', '손수 돌보다'입니다.

실전 대화

A どうしたの？おじいちゃん、元気ないね。
B わしが手塩にかけて育てた盆栽が、隣の猫にぐちゃぐちゃにされたんだ。
A うわ、おじいちゃんの大切な盆栽が折れてる！
B 今までどれだけ手塩にかけてきたか…。

A 무슨 일 있어요? 할아버지 기운이 없으시네요.
B 내가 소중하게 기르던 분재가 이웃 고양이 때문에 엉망이 됐어.
A 우와, 할아버지의 소중한 분재가 망가졌네요!
B 지금까지 얼마나 소중하게 기른건데….

鼻を明かす
꼭뒤 질러 깜짝 놀라게 하다

평소 자신보다 잘하는 사람을 꺾었을 때의 기쁨이란 이루 말할 수가 없는데요. 게다가 상대가 재수 없이 잘난 척을 하거나 날 무시했던 사람이라면 그 기쁨은 배가 되지요. 鼻を明かす는 직역하면 '코를 밝히다'이지만, 자기보다 우위에 있는 사람을 실력으로 눌러서 깜짝 놀라게 하는 경우에 쓸 수 있는 표현입니다. 보통 이럴 때 우리는 '코를 납작하게 하다', '본때를 보여 주다'라고 많이 하지요.

실전 대화

A とも、ついにやったね！
B うん、やっとね。今までみんなにバカだと思われてたけど…。
A みんなの鼻明かせたね！
B うん、何よりも、論文が発表できてよかったよ。

A 도모, 드디어 해냈네!
B 응, 가까스로. 지금까지 다들 나를 바보라고 생각했지만….
A 모두의 꼭뒤 질러 깜짝 놀라게 했네!
B 응, 무엇보다도 논문을 발표할 수 있어서 다행이야.

二の足を踏む

과감하지 못하고 주저하다

흔히 시작이 반이란 말도 있듯이 무슨 일이든 시작하기가 어렵지 일단 시작만 하면 마무리 짓는 것은 그렇게 어렵지 않다고들 하잖아요. 하지만 살다 보면 첫발은 내딛었지만 더 이상 나아가지 못하고 제자리걸음 상태로 있는 경우도 많은 것 같아요. 이렇게 쉽게 결정을 내리지 못하고 주저하는 것을 二の足を踏む라고 합니다. 二の足는 '두 번째로 내딛는 발'을 말하는데요. 첫발을 내딛고 망설여져서 두 번째 발은 내딛지 못하고 足踏み제자리걸음를 하는 것에서 나온 표현입니다.

실전 대화

(お化け屋敷の前で)
A さあ、入ろう。
B やっぱり怖いよ。
A 何、二の足踏んでるんだよ。ほうって行くよ！
B あー、待って！おいて行かないで！

(놀이공원 도깨비집 앞에서)
A 자, 들어가자.
B 역시 무서워.
A 뭘 주저하고 있는 거야? 놔두고 간다!
B 아, 기다려! 두고 가지 매!

目_めに物_{もの}見_みせる

상대방에게 뼈저리게 느끼게 하다

'눈에는 눈, 이에는 이'라는 이슬람 율법이 강요되는 곳에서는 아직도 도둑질을 하면 손목을 자르고, 간음을 한 사람은 돌로 쳐 죽인다고 합니다. 이 정도가 되면 나쁜 일을 했다고 따끔한 맛을 보여 주는 정도가 아니네요. 아무튼 우리도 나쁜 일을 일삼는 사람들이 있으면 다시는 그런 일을 하지 못하게 호되게 혼을 내어 상대에게 뼈저리게 느끼게 해 줄 때가 있지요. 그럴 때 쓰는 표현이 바로 目に物見せる입니다.

실전 대화

A 今日こそ目に物見せてやる！
B どうしたの？
A 弟がまた私のデッサンの宿題に落書きしたの！
B そっか。幼い弟がいると、大変だね。

A 오늘이야말로 뼈저리게 느끼게 해 줄 거야!
B 무슨 일인데?
A 남동생이 또 데생 숙제에다 낙서를 했어!
B 그렇구나. 어린 동생이 있으면 고생이 많네.

目をかける

돌봐 주다, 예뻐하다, 총애하다

어떤 조직이건 남들보다 더 예쁨을 받는 사람들이 꼭 있어요. 공부도 잘하는데 예의까지 바른 학생, 업무 능력도 뛰어난데다가 분위기 메이커인 부하 직원. 이런 사람들은 보통 윗사람들에게 총애를 많이 받지요. 일본어로 총애하다는 目をかける 입니다. 아끼고 예뻐하면 당연히 잘 돌봐 주기도 하겠지요. 그래서 '돌봐 주다'라는 뜻으로도 쓰입니다. 보통 目をかけられる 총애를 받다, 目をかけてもらう 보살핌을 받다처럼 수동 표현으로도 쓰는 경우가 많으니 알아 둡시다.

실전 대화

A 君、本当に研究やめるのかい？
B ご期待に添えられなくて、申し訳ありません。
A 君には特別目をかけてきたんだが…、残念だな。
B これからは一会社員として、社会に役立つよう努力したいと思います。

A 자네, 정말로 연구 그만둘 건가?
B 기대에 답하지 못해 죄송합니다.
A 자네를 특별히 돌봐 줬는데…, 아쉽네.
B 앞으로는 한 회사원으로서 사회에 도움이 되도록 노력하겠습니다.

山_{やま}をかける

요행수를 노리고 모험하다

山_{やま}をかける에서 山_{やま}는 鉱山_{こうざん}광산을 의미합니다. 옛날, 광맥을 찾는 사람들이 광물이 나올 법한 광산을 고르는 것에서 유래한 표현으로 '요행을 바라고 모험을 하다'라는 뜻이 있습니다. 또 '요행을 노리고 그 부분만 준비하다'라는 뜻도 있는데요. 시험에 나올 법한 부분만을 추려서 공부를 할 때 자주 사용하는 표현입니다. 저도 학창 시절 시험 범위가 넓으면 이렇게 일부분만 찍어서 공부했던 기억이 나는데요. 예상이 적중한 적도 있었지만, 완전히 헛다리 짚어 엉뚱한 부분을 공부해 피를 본 경험도 많네요.

 실전 대화

A テストの点_{てん}、どうだった？
B 俺_{おれ}、85点_{てん}。
A え？お前_{まえ}、勉強_{べんきょう}してなかったのにそんなによかったの？
B 山_{やま}かけて勉強_{べんきょう}したら、そこが出_でたんだ。

A 시험 점수 어떻게 됐어?
B 나 85점.
A 어? 너 공부 안 했는데 그렇게 잘 받았어?
B 요행수를 노리고 공부했는데, 거기서 문제가 나왔어.

능력, 실력

PART 10

頭が上がらない
상대방에게 빚진 게 있어 대등하게 맞서지 못하다

집세가 몇 달째 밀려 있는데 집주인을 만났을 때, 나보다 훨씬 연봉이 센 아내 앞에서, 바람피운 게 들킨 이후부터 애인 얼굴을 볼 때마다. 이렇게 살다 보면 왠지 자신이 상대보다 꿀리는 것 같아서 기를 펴지 못할 때가 있어요. 이렇듯 자신의 약점이나 열등감이 원인이 되어 상대보다 낮은 위치에 있다고 느껴져 대등하게 맞서지 못할 때 쓰는 표현이 頭が上がらない입니다.

실전 대화

A 小川さん、何してるんですか。
B 社長からちょっと頼まれてね。
A またですか。業務外の仕事は、断ってもいいんですよ。
B いやあ、社長には以前、助けていただいた恩があるから、頭が上がらないんですよ。

A 오가와 씨 뭐 하고 있어요?
B 사장님한테서 부탁을 받아서요.
A 또요? 업무 외의 일은 거절해도 돼요.
B 아니요, 사장님께는 예전에 도움 받은 은혜가 있어서 이 정도는 해 드려야죠.

腕が鳴る
(자신의 실력을 보여 주고 싶어서) 좀이 쑤시다

腕는 '팔'이라는 뜻 이외에 '솜씨', '실력'이라는 뜻이 있습니다. 따라서 腕가 들어가는 관용어 중에는 실력과 관련 있는 표현들이 많이 있습니다. 腕が鳴る는 자신의 腕前기량나 能力능력를 남들에게 보여 주고 싶어서 가만있지 못하는 상태를 나타내는 표현으로, 자신의 실력을 자랑하고 싶어 몸이 근질근질할 때 주로 사용합니다.

실전 대화

(卓球の試合前)
A いよいよ始まるね。
B おう、腕が鳴るよ。
A 自信たっぷりだね。
B あたり前だよ。俺の実力を見せてやるよ。

(탁구 시합 전)
A 드디어 시작한다.
B 아, 좀 쑤셔.
A 자신 넘치네.
B 당연하지. 내 실력을 보여 줄게.

腕に覚えがある

자신의 실력에 자신이 있다

聞き覚えがある는 '들은 기억이 있다', 見覚えがある는 '본 기억이 있다'처럼 覚え는 흔히 '기억'이라는 뜻으로 사용하는 단어입니다. 또한 覚え는 '자신'이라는 뜻도 있어서 腕に覚えがある 라고 하면 충분히 축적된 경험으로 인하여 자신의 실력에 자신감이 있을 때 쓰는 표현입니다.

 실전 대화

A 君、もしかして、野球できる?
B はい、中高時代は野球部でしたので、腕に覚えはあります。
A じゃあ、今週末の社内野球大会に出てくれないかな? 一人出られなくなったんだよ。
B 今週末ですか。今週末はちょっと…。

A 자네 혹시 야구 좀 하나?
B 네, 중·고등학교 때 야구부여서 자신 있습니다.
A 그럼, 이번 주말 사내 야구 대회에 나가 줄 수 있겠나? 한 명이 못 나가게 돼서 말이야.
B 이번 주말요? 이번 주말은 좀….

腕に縒りをかける
자신의 실력을 충분히 발휘하려고 분발하다

누군가를 위해 자신이 가진 솜씨를 발휘하는 경우가 있습니다. 유치원에서 소풍이라도 가게 되면 엄마들은 온갖 솜씨를 다 부려 엄마표 도시락을 싸지요. 다른 친구들의 도시락과 비교해 우리 아이가 기죽지 않도록 비엔나소시지로 동물도 만들고 얼굴 모양의 알록달록 예쁜 주먹밥도 만들고 말이지요. 찬바람이 불기 시작할 무렵이면 좋아하는 사람을 위해 실력을 발휘해 뜨개질을 하는 로맨티시스트들도 있지요. 이렇게 자신의 솜씨를 최대한 발휘하고자 더욱더 분발하는 것을 腕に縒りをかける라고 합니다.

(高級料亭で)
A 明日の予約の準備、できてるか？
B はい、バッチリです。
A 外国からのお客様だ。最高のもてなしで頼むよ。
B はい、腕に縒りをかけて作ります。

(고급 식당에서)
A 내일 예약 준비 잘 되고 있나?
B 네, 잘 하고 있습니다.
A 외국에서 오는 손님이야. 최고의 요리로 대접하도록 해.
B 네, 최대한 실력을 발휘해서 만들겠습니다.

腕を上げる

실력을 향상시키다

腕を上げる는 글자 그대로 '팔을 올리다'는 뜻도 있고, '자신의 솜씨나 기량을 향상시키다'라는 뜻도 있습니다. 운동이 되었건, 예술 분야가 되었건, 외국어가 되었건, 실력을 늘리기 위한 가장 중요한 덕목은 끊임없는 연습인 것 같아요. 그보다 더 중요한 것은 역시 자기가 좋아해 즐기며 하는 것이겠지요. 그리고 腕を上げる와 비슷한 표현인 腕が上がる_{실력이 늘다}도 함께 알아 두도록 합시다.

실전 대화

(演奏会が終わって)
A 演奏、よかったわよ。
B ありがとうございます。
A バイオリンの腕、上げたわね。
B いえ、まだまだです。もっとうまくなれるよう、練習しようと思っています。

(연주회가 끝나고 나서)
A 연주 좋았어요.
B 감사합니다.
A 바이올린 실력이 많이 늘었네요.
B 아니요, 아직 멀었어요. 더 잘하도록 연습하려고 합니다.

肩を並べる

어깨를 나란히 하다

운동을 별로 좋아하지 않는 저도 언성 히어로 박지성, 마린보이 박태환과 같은 선수들이 열심히 실력을 갈고 닦아 세계적인 선수들과 어깨를 나란히 하는 모습을 보면 정말 가슴이 뭉클해지더라고요. 저런 뛰어난 선수들과 대등한 실력이 되기까지 얼마나 많은 노력을 했을까를 생각하면 존경심마저 생기는 것 같아요. 肩を並べる는 '나란히 서거나 나란히 서서 걷다'라는 뜻도 있지만, 위에서 예를 든 것처럼 '서로 엇비슷한 지위나 힘을 가지다', '대등한 위치에 서다'라는 의미로도 쓰이는 표현입니다.

실전 대화

A 最近、この若手俳優、よく見かけるね。
B 実力派俳優って言われてるよ。今度、ハリウッド映画にも出演するんだって。
A じゃあ、彼がハリウッド俳優と肩を並べる日もそう遠くないってことね。
B いやあ、それはまだまだだよ。

A 요즘, 이 젊은 배우 자주 보이네.
B 실력파 배우로 불리고 있어. 이번에 할리우드 영화에도 출연한다네.
A 그럼 할리우드 배우들과 어깨를 나란히 할 날도 그리 멀지 않았다는 거네.
B 아니, 그건 멀었지.

隅に置けない

여간내기가 아니다

여자 앞에서는 떨려서 말도 못할 것 같은 순진남인줄 알았는데, 알고 봤더니 연애의 고수라던가, 평소에는 별 존재감 없이 일만 열심히 하는 동료였는데 사내 장기 자랑에서 끼 부리며 아이돌의 노래와 춤을 완벽하게 보여 준다던가 하면 주변 사람들은 아마 깜짝 놀랄 텐데요. 이렇게 겉보기에는 전혀 그렇게 보이지 않는 상대에게서 의외의 재능이나 지식, 풍부한 경험 등이 있음을 알았을 때 우리는 보통 '여간내기가 아니다', '허투로 볼 수 없다', '보통이 아니다'라고 하지요. 이때 쓸 수 있는 표현이 바로 隅に置けない입니다.

실전 대화

A 君、やるじゃないか。
B 部長、突然、何の話でしょうか。
A 昨日の会議で君が作成した企画書が面白いって話題になってね。君は見た目は、おとなしそうに見えるのに、なかなか隅に置けないね。
B あー、あの企画書のことですか。いえいえ、恐縮です。

A 자네, 제법 하잖아.
B 부장님, 갑자기 무슨 말씀이세요?
A 어제 회의에서 자네가 작성한 기획서가 재미있다고 난리가 났거든. 자네 겉보기엔 얌전해 보이지만 여간내기가 아닌 걸.
B 아, 그 기획서요? 아니에요, 과찬이세요.

手に余る
힘에 겹다

나무 호미로 넓은 자갈밭 매기, 밑 빠진 독에 물 붓기 등 팥쥐 엄마가 콩쥐에게 시킨 일들은 콩쥐 혼자서 해내기에는 너무 힘에 겨운 일이었지요. 다행히 동화에서는 암소나 두꺼비가 도와줘서 일을 무사히 끝낼 수 있었지만요. 아무튼 이렇게 능력 밖의 일을 하게 되어 너무 힘에 겹다는 뜻으로 쓸 수 있는 표현이 手に余る입니다. 유사한 표현으로는 手に負えない 감당할 수가 없다가 있습니다.

실전 대화

A うちの孫、一体誰に似てこんなにやんちゃなのかしら？
B どうしてですか。元気でかわいらしいのに。
A もちろんかわいいんだけど、元気すぎて手に余るのよ。私も年が年だし…。
B 子守りって大変ですよね。あまり無理なさらない方がいいですよ。

A 우리 손자, 대체 누구를 닮아 이렇게 응석이 심할까?
B 왜 그러세요? 활발하고 귀여운데요.
A 물론 귀엽지만 너무 기운차서 힘에 겹네요. 저도 나이가 나이라서….
B 아이 보는 것은 힘들죠. 너무 무리하지 않으시는 게 좋을 것 같아요.

手を焼く

애먹다, 주체 못하다

아무리 달래고 얼러보아도 끊임없이 울어대는 갓난쟁이 보살피기, 변덕이 죽 끓듯 하는 여자 친구의 비위 맞추기, 중2병에 단단히 걸린 자녀와 화내지 않고 대화하기. 생각만 해도 스트레스 지수가 상승하는 상황들인데요. 이럴 때 쓸 수 있는 표현이 바로 手を焼く애먹다입니다. 손에 火傷화상를 입으면 손을 쓸 수가 없는 상황이 되는데 여기서 유래한 표현으로, 다루기가 힘들거나 순조롭게 처리하지 못해 곤란을 겪을 때 쓰는 표현이라 할 수 있겠습니다.

실전 대화

A うわあ、素敵なセーターですね！
B 私が編んだのよ。
A へえ、器用なんですね。柄が複雑で難しそう。
B そうなのよ。難しくて、手を焼いたわ。完成させるのに、6ヶ月もかかったの。

A 우왓, 멋진 스웨터네요!
B 제가 떴어요.
A 와, 솜씨가 좋네요. 무늬가 복잡해서 어려울 것 같은데.
B 맞아요. 어려워서 애먹었어요. 완성하는 데 6개월이나 걸렸거든요.

歯が立たない
(상대방이 너무 강해서) 당해 내지 못하다

보통 부부들이 말싸움을 하는 것을 보면 대부분의 남편들은 예전에 있었던 시시콜콜한 것까지 다 기억해 내 말꼬리를 잡고 늘어지는 부인들의 말발에는 당해내지 못하지요. 이럴 때 쓸 수 있는 표현이 바로 歯が立たない입니다. 이 표현은 말 그대로 '너무 딱딱해 씹히지가 않다'라는 뜻 외에 상대가 너무 강해서 '대적할 수 없다', '당해 내지 못하다'라는 뜻이 있습니다. 또, 일본어를 6개월 정도밖에 공부하지 않은 내게 일본어능력시험 N1은 너무나도 歯が立たない벅차다처럼 어떤 일이나 문제가 너무 어려워 해내기가 벅찰 경우에도 사용할 수 있습니다.

실전 대화

A お前、大学、どこ受けんの？
B 京大。お前も京大だろ？
A いやいや、無理無理。京大の入試問題には歯が立たないよ。
B そうか？お前ならできると思うけどな。

A 너 대학 어디 지원할 거야?
B 교토대학. 너도 교토대학이지?
A 아니, 절대 무리야. 교토대학 입시 문제는 너무 어려워서 당해 내지 못해.
B 그래? 너는 할 수 있을 것 같은데.

PART 11 일, 경쟁

足を洗う
나쁜 일에서 손을 떼다, 손을 씻다

ヤクザ조직폭력배가 나오는 영화나 드라마를 보면 조직 생활을 청산하기 위해서는 죽지 않을 정도로 구타를 당한다든가, 불구가 된다든가 등 혹독한 대가를 치르는 경우가 많이 나오더라고요. 역시 올바르지 않은 일을 하는 조직과의 관계를 끊는 일은 쉽지가 않은 것 같아요. 이렇게 나쁜 일에서 손을 뗄 때 우리나라에서는 '손을 씻다'라고 하지만 일본어에서는 손 대신 발을 사용해 足を洗う라고 합니다.

실전 대화

A 社長って本当にいろんなことをされていたんですね。
B 若い頃は、悪徳商売もしたことあるんだよ。
A え？今の社長からは想像もつきません。
B 人をだましてお金を稼いだり。でも、それではダメだと思って、足を洗ったのさ。

A 사장님 정말 여러 가지 일을 하셨네요.
B 젊었을 때는 악덕 장사도 한 적이 있어.
A 어? 지금 사장님 모습으로는 상상도 못하겠어요.
B 사람을 속여서 돈을 벌기도 하고. 하지만 그래서는 안 된다고 생각하고 손을 뗐어.

味を占める

あじ し

맛을 들이다, 재미를 붙이다

우연히 산 복권이 소액이라도 당첨이 되면 다음에도 당첨될 것을 기대하며 매주 복권을 사는 사람이 있지요. 주식에서 한 번 재미를 보면 멈추지 못하고 계속 투자를 하는 사람도 있고요. 이럴 때 우리는 '복권에 재미를 붙였다', '주식에 맛을 들였다'와 같은 말을 하지요. 일본어에서는 이럴 경우 味を占める라고 합니다. 한 번 맛본 일의 재미나 성공을 잊지 못해 같은 것을 계속 기대하는 경우에 쓰는 표현입니다.

실전 대화

A おごってやるから、ステーキ食べに行こう！
B お前、最近何して稼いでんの？
A 株。初めの銘柄で儲かったから、これからは本格的にやろうと思ってさ。
B 味占めたんだな。でも、失敗すると大損になるから、気をつけろよ。

A 내가 쏠테니까 스테이크 먹으러 가자!
B 너 요즘 뭘 해서 돈을 번 거야?
A 주식. 처음 산 주식으로 돈을 벌어서, 앞으로는 본격적으로 하려고 해.
B 맛 들였구나. 하지만 실패하면 크게 잃을 수 있으니까 조심해.

足^{あし}を引^ひっぱる

남의 성공을 방해하다, 발목을 잡다

여자들은 예쁜 여자를 보면 분명 성형을 해 어딘가 다 뜯어고쳤을 거라고 생각하고, 남자들은 누가 갑자기 돈을 벌면 분명 정당한 방법으로 돈을 벌었을 리 없다고 생각하는 경향이 있는 것 같아요. 성인군자가 아닌 이상 우리는 사촌이 땅을 사면 어느 정도 배가 아프기 마련이지요. 이런 마음이 그저 생각만으로 그치면 좋은데, 남이 잘되는 것을 방해하는 고약한 심보를 가진 사람들이 있어서 문제가 되는 것 같아요. 足を引っぱる는 직역하면 '발을 잡아당기다'인데, 흔히 '남이 잘 되는 것을 방해하거나 발목을 잡다'라는 의미로 사용되는 표현입니다.

실전 대화

(ダンスチームの練習中^{れんしゅうちゅう})
A この振^ふり付^つけ、難^{むずか}しい…。
B さあ、もう一回練習^{いっかいれんしゅう}しよう！
A 私^{わたし}だけできなくて、みんなの足^{あし}引^ひっぱってごめんね。
B 気^きにしない、気^きにしない！さあ、やるよ！

(댄스팀 연습 중)
A 이 안무 어려워….
B 자, 한 번 더 연습하자!
A 나만 못해서 모두의 발목을 잡는 것 같아서 미안해.
B 신경 쓰지 마! 자, 한다!

後の祭り

소 잃고 외양간 고친다, 때를 놓치다

後の祭り라는 관용어를 보니 갑자기 일본의 祭り^{축제}가 생각나네요. 일본은 지역마다 특색 있는 축제가 많은데요. 흥겹고 신나는 축제 행렬을 보는 것도 재미있고, 축제 때 들어서는 屋台^{포장마차}에서 음식을 사 먹는 재미도 쏠쏠하지요. 갑자기 이야기가 삼천포로 빠졌는데요. 後の祭り는 교토의 '기온 마쓰리(祇園祭り)'에서 후반에 하는 축제를 말합니다. 前祭り^{전반 축제}에 비해 화려하지도 않고 재미도 없는 것에서 유래해 점차 '때를 놓치다'라는 의미가 되었다고 합니다. 우리말에 '소 잃고 외양간 고치기', '엎어진 물'과 같은 뜻이라 할 수 있겠습니다.

실전 대화

A 僕たち、もう一度やり直さないか。
B はあ？何言ってんのよ！別れようって言ったのは、そっちじゃない！
A 悪かった。でも、僕には君しかいないって気づいたんだ。
B 今さら後の祭りよ。悪いけど、私、今から合コンなの。さようなら。

A 우리 다시 시작하면 안 될까?
B 뭐? 무슨 소리야! 헤어지자고 한 건 너잖아!
A 잘못했어. 근데, 나한텐 너밖에 없다는 걸 깨달았어.
B 이제 와서 너무 늦었어. 미안하지만 나 지금 미팅 가야 해. 안녕.

油を売る

농땡이 부리다, 딴 길로 새다

우리 주변을 보면 일하다가 커피를 마시거나 담배를 피우러 나가서 한참 동안 동료랑 떠들다가 들어오는 등 업무와 상관없는 일로 시간을 허비하는 사람들이 종종 있어요. 이럴 때 쓰는 표현이 油を売る입니다. 이 표현은 직역하면 '기름을 팔다'지만 일하는 중에 게으름을 피우거나 딴짓을 하는 것을 의미합니다. 보통 근무 중에 다른 사람이랑 쓸데없는 잡담을 하며 농땡이를 칠 때 많이 쓰는 표현이지요. 에도 시대에 머릿기름을 팔러 다니던 보따리장수가 여성 손님들과 노닥거리며 장사를 한 것에서 유래한 표현입니다.

실전 대화

A いつまでテレビ見てるの？油売ってないでさっさと宿題すませなさい。
B あと10分だけ。
A さっきも同じこと言ってたでしょ？
B 今度は本当にあと10分だから！

A 언제까지 텔레비전 볼 거야? 농땡이 부리지 말고 빨리 숙제 끝내.
B 10분만 더요.
A 아까도 같은 말 했잖아.
B 이번엔 정말로 10분만 볼게요!

板に付く
일에 익숙해져서 행동이나 복장이 잘 어울리게 되다

板に付く는 경험이 쌓여 태도나 언행 등이 지위나 직업에 잘 어울린다는 뜻입니다. 여기서 板는 나무판자로 된 무대를 말하는데요. 배우가 오랫동안 연기 경험을 쌓으면 연기가 무대와 완벽한 조화를 이루게 되는 것에서 나온 표현입니다. 보통 문맥에 따라 '잘 어울리다', '몸에 배다'로 해석되는 경우가 많습니다.

실전 대화

(寿司屋のカウンターで)
A いやあ、福井くん、板前姿、すっかり板に付いてきたね。
B ありがとうございます。
A 君がここに修行に来てもう3年か。
B はい、ますます精進して参ります。

(초밥집 카운터에서)
A 이야, 후쿠이 군, 요리사 모습이 아주 잘 어울리네.
B 감사합니다.
A 자네가 여기서 요리를 배운 지 벌써 3년인가?
B 네, 더욱더 정진하겠습니다.

兜を脱ぐ

항복하다, 손들다

옛날 전쟁터에서 무사가 兜を脱ぐ투구를 벗는다는 것은 전의를 상실해 패배를 인정하는 행위, 즉 항복을 의미했습니다. 따라서 兜を脱ぐ라는 관용어는 상대가 자신보다 우위에 있음을 인정해 '항복하다', '손들다'라는 의미로 쓰이는 표현입니다.

실전 대화

(対戦型ゲームをしながら)
A もうそろそろ降参すれば？
B 何いってるんだ、お前こそ、兜を脱げよ。
A 何だと？じゃあ、とことんやろう。どっちが勝つか。
B よし。今日は、どっちが先に手をあげるか、見ものだな。

(대전 게임을 하면서)
A 이제 슬슬 항복하시지?
B 무슨 소리야, 너나 항복해.
A 뭐라고? 그럼 끝까지 가 보자. 누가 이기는지.
B 좋아. 오늘은 누가 항복하는지 두고 보자.

けりが付く

일의 결말이 나다

'泣きすぎてがらんとした蝉の殻너무 울어 텅 비어 버렸는가 매미 허물은', '古池や蛙飛こむ水の音오래된 연못 개구리 뛰어드는 물소리'. 이게 무엇인지 의아해하는 분들이 계실 텐데요. 이건 일본의 대표적인 하이쿠 작가인 마쓰오 바쇼의 시랍니다. 俳句하이쿠는 17자로 된 일본의 전통 정형시로 짧지만 긴 여운을 주는 걸로 유명합니다. けり는 이런 전통시의 끝부분에 사용되어 '~구나'라는 강한 영탄의 의미로 사용된 고어입니다. 문장의 끝부분에 사용된 것에서 유래해 지금은 けりが付く라는 형태로 '결판이 나다', '결말이 나다'라는 뜻으로 쓰입니다.

실전 대화

A 彼氏とけり付けて来た。
B 8年付き合ってきたあの彼氏と！？
A うん、結婚の予定もないし、もう終わりにしようと思って。
B 私も別れた方がいいと思ってたんだ。よく決断したね。

A 남자 친구랑 결판 짓고 왔어.
B 8년간 사귄 그 남자 친구랑!?
A 응, 결혼 생각도 없고, 그만 끝내는 게 좋을 것 같아서.
B 나도 헤어지는 게 좋다고 생각했었어. 잘 결정했어.

鎬を削る

격렬하게 싸우다

日本刀일본도를 가지고 격렬하게 싸운다고 하면 저는 제일 먼저 떠오르는 것이 'キル・ビル(Kill Bill)'이라는 영화인데요. 여자 주인공이 길고 날카로운 일본도를 휘두르며 피의 복수를 하는 장면이 압권이지요. 鎬는 칼날과 칼등 사이의 조금 볼록한 부분을 뜻합니다. 이 부분이 깎일 정도로 맹렬하게 싸우는 것을 鎬を削る라고 하는데요. 오늘날에는 검을 들고 싸우는 경우뿐만이 아니라 여러 가지 상황에서 '격렬하게 싸우다', '격전을 벌이다'라는 뜻으로 사용되고 있습니다.

실전 대화

(マラソン中継)
A 野田選手と韓国の李選手が鎬を削るレースを繰り広げています。
B いやあ、これはどうなることか…。
A ゴールまではあとわずか3キロです！
B 最後まで目が離せませんね。

(마라톤 중계)
A 노다 선수와 한국의 이 선수가 격렬하게 싸우는 레이스가 펼쳐지고 있습니다.
B 자, 이건 어떻게 될지….
A 결승선까지 3km 남았습니다!
B 마지막까지 눈을 뗄 수가 없네요.

手を抜く

(일을) 적당히 하다

抜く는 보통 歯を抜く이를 뽑다에서처럼 '뽑다'라는 의미로 많이 사용합니다. 그리고 朝食を抜く아침밥을 거르다에서처럼 '거르다', '생략하다'라는 의미도 있습니다. 手を抜く는 손을 생략하는 거니까 일을 대충 건성으로 한다는 의미가 됩니다. 그리고 별로 정성을 들이지 않고 대충 만든 '초간단 음식'을 手抜きご飯, '부실 공사'를 手抜き工事라고 하는데요. 手抜き라고 하면 일을 겉으로만 하는 척하고 날림으로 하는 것을 의미합니다.

실전 대화

A 今日もカレー?手抜きすぎじゃない?
B 作ってもらえるだけでも、ありがたいと思いなさい。
A でも、これでもう五日目だよ。
B カレーは時間が経つほどおいしいのよ。いやなら、自分で作って食べなさい。

A 오늘도 카레? 너무 대충 하는 거 아니예요?
B 만들어 주는 거에 감사하게 생각해.
A 근데 이걸로 이제 5일째예요.
B 카레는 시간이 지날수록 맛있는 거야. 싫으면 직접 만들어 먹어.

水に流す
지난 안 좋은 일을 없었던 것으로 하다

우리는 지난 일로 마음에 앙금이 남아 있는 사람과 관계를 회복하고 싶을 때 술의 힘을 빌리는 경우가 있지요. 그러면서 '없었던 일로 합시다!'라며 화해를 하곤 하는데요. 그럴 때 쓸 수 있는 표현이 水に流す입니다. 직역하면 '물에 흘리다'지만 안 좋았던 지난 일들, 예를 들면 나쁜 감정이나 응어리, 분쟁 등을 없었던 것으로 한다는 의미입니다. 일본은 예로부터 기도나 공양의 차원에서 불결한 것을 강에다 흘려보내는 풍습이 있었는데요, 水に流す는 여기에서 유래한 표현이라 할 수 있겠습니다.

 실전 대화

(同窓会にて)
A 久しぶり、さとし。
B あ、久しぶり。なんだか雰囲気変わったな。
A うん、昔は俺、悪かっただろ。お前のことも殴ったりしてさ。あの時は悪かったよ。
B いいよ。過去のことは水に流そう。

(동창회에서)
A 오랜만이야, 사토시.
B 아, 오랜만이네. 왠지 느낌이 달라졌네.
A 응, 옛날에는 나 나빴지? 너를 때리기도 하고. 그때는 미안했어.
B 괜찮아. 지난 일은 잊어버리자.

身(み)を粉(こ)にする
분골쇄신하다, 몸을 아끼지 않고 열심히 일하다

어떠한 수고도 마다하지 않고 온 힘을 다해 일할 때 뼛골 빠지도록 일한다고 하지요. 분골쇄신이라는 말도 쓰고요. 분골쇄신은 일본어에서도 쓰는 표현인데요. 粉骨砕身(ふんこつさいしん)이라고 하며 '뼈가 가루가 되고 몸이 부서진다'는 뜻입니다. 이와 비슷한 뜻의 관용어로는 身(み)を粉(こ)にする가 있습니다. 粉는 '가루'라는 뜻으로, 몸이 으스러져 가루가 될 정도로 열심히 일하는 것을 비유한 표현입니다. 여기서 粉를 粉(こな)로 잘못 읽는 경우가 많으니 주의하도록 합시다.

실전 대화

A あー、疲(つか)れた…。
B 最近(さいきん)、働(はたら)きすぎじゃない？
A いやいや、身(み)を粉(こ)にして働(はたら)いて、1日(にち)でも早(はや)く、借金(しゃっきん)を返(かえ)さなくちゃ。
B そうだけど、あんまり無理(むり)するなよ。

A 아, 힘들다….
B 요즘, 너무 일만 하는 거 아니야?
A 아니아니, 열심히 해서 하루라도 빨리 빚을 갚아야지.
B 그렇지만, 너무 무리하지 마.

PART 12

태도

か
ん
か
も
ち

一目置く
자기보다 한 수 위의 사람을 인정하고 경의를 표하다

일본어로 바둑은 碁 또는 囲碁라고 합니다. 요즘은 인공지능 바둑 프로그램인 アルファ碁알파고가 생겨나 컴퓨터랑 인간이 바둑을 두는 재미있는 세상이 되었네요. 一目는 바둑에서 바둑돌 한 개나 한 점을 말하는데요. 바둑을 둘 때 서로 실력 차가 날 경우 약한 쪽이 먼저 한 점을 놓고 대결을 벌이는 경우가 있습니다. 한 점을 먼저 둔다는 것은 상대방의 실력을 인정하는 것이므로 一目置く는 직역하면 '한 점을 두다'이지만 실제로는 '자기보다 한 수 위의 사람을 인정하고 경의를 표하다'라는 의미로 쓰이는 표현입니다.

실전 대화

A 君、この問題、解けたの？

B うん。

A すごいな。君が数学できるって聞いてはいたけど、ここまでとは…。一目置くよ。

B いやあ、それほどでもないよ。

A 너, 이 문제 풀었어?

B 응.

A 대단하다. 너 수학 잘한다는 얘기는 들었지만, 이 정도일 줄이야…. 존경스럽다.

B 아니, 그 정도는 아니야.

鬼の首を取ったよう

대단한 일이라도 한 듯이 의기양양해 함

우리나라의 도깨비는 짓궂기는 해도 장난스러운 이미지가 있는데 반해 일본의 도깨비인 鬼는 머리에 뿔이 달린 험악한 인상에 사람을 해치는 포악한 존재이지요. 보통 鬼嫁호랑이 아내, 鬼姑호랑이 시어머니처럼 鬼 뒤에 사람을 붙이면 '무서운 사람'이라는 뜻이 됩니다. 鬼の首を取ったよう라는 표현은 '도깨비의 목을 벤 것 같은'이라는 뜻으로 별것도 아닌데 마치 대단한 공적을 세운 것처럼 기뻐하거나 우쭐되며 득의양양한 모습을 나타내는 표현입니다.

실전 대화

(新しい取引先と契約して)
A 先輩、ちょっとこれ、見てください！
B どうしたの？鬼の首でも取って来たかのように、意気揚々としてるね。
A ジャーン！契約取れました！
B おっ！よくやったな！！おめでとう。

(새로운 거래처와 계약을 마치고)
A 선배, 이것 좀 보세요!
B 무슨 일이야? 대단한 일이라도 한 듯이 의기양양하네.
A 짠! 계약했습니다!
B 오! 잘했어!! 축하해.

肩で風を切る

어깨를 으쓱하며 의기양양하게 걷다, 기세등등

기가 죽거나 낙심을 했을 때 우리는 어깨가 축 처지지요. 일본어로는 肩を落とす라고 합니다. 반대로 뽐내고 싶은 기분이나 떳떳하고 자랑스러운 기분이 될 때 어깨가 으쓱해지는데요. 風を切る는 '바람을 가르다'라는 뜻이고, 肩で風を切る라고 하면 '어깨를 으쓱하며 기세등등하게 활개치며 다니다'라는 뜻이 됩니다.

 실전 대화

A あー、20年前に戻りたい！
B 人気絶頂期の頃だよね？
A みんなに注目されながら、肩で風を切って歩いてた時代が懐かしいよ。
B うん、いい時代だったな。

A 아, 20년 전으로 돌아가고 싶다!
B 인기 절정일 때지?
A 모두의 주목을 받으면서 어깨를 으쓱하며 의기양양하게 걷던 날들이 그리워.
B 응, 좋은 시절이었지.

肩身が狭い
사람들 앞에서 떳떳하지 못하고 주눅이 들다

의외로 좁은 어깨가 콤플렉스인 사람들이 많은 것 같아요. 여자들 중엔 어깨가 좁으면 상대적으로 얼굴이 커 보여서 싫다는 사람이 있고, 남자들 중엔 어깨가 좁으면 남성미가 떨어지고 옷태가 잘 나지 않아 싫다는 사람도 있지요. '어깨가 좁다'는 일본어로 肩幅が狭い라고 하는데요. 비슷한 형태인 肩身が狭い는 전혀 다른 의미의 관용어입니다. 肩身는 '면목'이라는 뜻이고, 肩身が狭い는 사람들 앞에서 떳떳하지 못해 주눅이 들거나, 부끄러움을 느낄 때 사용하는 표현입니다.

실전 대화

A 同窓会、どうだった？
B 肩身が狭かったよ。
A どうして？
B みんな大企業に就職して、僕だけ就職浪人だからさ。

A 동창회 어땠어?
B 주눅 들어 있었어.
A 어째서?
B 다들 대기업에 취업했는데 나만 취업 준비생이라서.

口(くち)が減(へ)らない

억지를 부리다

뭔가를 시키거나 충고를 했을 때 뺀질뺀질 변명만 하며 말대꾸를 하는 자식들이 있어요. 그럴 때 간혹 다혈질인 엄마들 중에서는 등짝 스매싱을 날리는 경우도 있는데요. 결코 그래서는 안 되겠지만 같이 대화를 하다 보면 한 대 쥐어박아 주고 싶은 상대가 있긴 한 것 같아요. 상대방이 무슨 말을 하건 핑계나 변명을 늘어놓으며 자기주장을 합리화하려고 억지를 부리는 사람들 말이에요. 그렇게 억지를 부리는 것을 口(くち)が減(へ)らない라고 합니다. 비슷한 표현으로는 減(へ)らず口(ぐち)を叩(たた)く 억지소리를 하다가 있습니다.

실전 대화

A 来週(らいしゅう)、英語(えいご)のテストでしょ？テレビばかり見(み)てないで、早(はや)く勉強(べんきょう)しなさい。

B 映画見(えいがみ)るのも英語(えいご)の勉強(べんきょう)だよ。あと、あんまり早(はや)くから勉強(べんきょう)すると忘(わす)れるからね。

A 口(くち)が減(へ)らないわね。

B これ、見終(みお)わったら、勉強(べんきょう)するよ。

A 다음 주 영어 시험이지? 텔레비전만 보지 말고 빨리 공부해.
B 영화 보는 것도 영어 공부예요. 그리고 너무 미리 공부하면 잊어버리고.
A 억지를 부리네.
B 이거 끝나면 공부할게요.

けんもほろろ

남의 부탁 등을 쌀쌀맞게 거절하는 모습

일본 사람들은 남에게 迷惑(めいわく)민폐를 끼치지 말아야 한다는 사고가 뿌리 깊게 박혀 있는데요. 그래서인지 다른 사람에게 뭔가를 부탁하는 것도 부탁 받는 것도 좀 꺼리는 것 같아요. 부탁을 했을 때 흔쾌히 받아 주면 좋은데 거절당하면 정말 속상하지요. 한술 더 떠 상대가 쌀쌀맞은 태도를 취한다면 정말 상처받아요. 'けん'과 'ほろろ'는 雉(きじ)꿩의 울음소리를 말하는데요. 꿩의 울음소리가 왠지 무뚝뚝하게 느껴지는 것에서 유래해 아주 냉담하고 쌀쌀맞은 모양, 남의 부탁 등을 아주 매몰차게 거절하는 모습을 나타내는 표현입니다.

실전 대화

(商品の価格交渉)
A ただいま、戻りました。
B お疲れさま。どう？交渉うまくいった？
A けんもほろろでした。全く相手にされず…。
B そうか。戦略を練らなくちゃいけないな。

(상품의 가격 교섭)
A 다녀왔습니다.
B 수고했어. 어때? 교섭 잘됐어?
A 쌀쌀맞게 거절당했습니다. 전혀 상대해 주지도 않고요….
B 그렇구나. 전략을 가다듬어야겠군.

心を鬼にする

상대방을 위해 엄하게 대하다

요즘은 아빠들이 육아 휴직도 많이 내고, '라테파파(한 손에 라테를 들고 유모차를 끄는 아빠)'라는 신조어가 생길 정도로 육아에 열정적으로 참여하는 아빠들이 많이 늘어났지요. 다정다감하고 친구 같은 아빠들도 많고요. 그에 반해 제가 어릴 때만 해도 아버지 하면 좀 엄하고 무서운 이미지가 강했어요. 그리고 아이가 버릇없어질까봐 혹은 아이를 강하게 키우고 싶어 일부러 엄하게 자식을 키우시는 분들도 많았고요. 바로 이럴 때 쓸 수 있는 표현이 心を鬼にする 입니다. 직역하면 '마음을 도깨비로 하다'지만 실제로는 '상대방을 위해 마음을 모질게 먹고 엄하게 대하다'라는 뜻의 표현입니다.

실전 대화

A お母さん、いつもありがとう。これ、プレゼント。

B あら、ありがとう。

A 私がつらくて、夢をあきらめそうになった時、すごく怒ってくれたよね。おかげで、夢が叶った。だから、そのお礼。

B そうだったわね。あなたが後悔すると思ったから、心を鬼にして、叱ったのよ。よくがんばったわね。

A 엄마 항상 고마워요. 이거 선물이에요.

B 어머, 고마워.

A 제가 힘들어서 꿈을 포기할 뻔했을 때 엄청 혼내 줬잖아요. 덕분에 꿈이 이뤄졌어요. 그래서 그 보답이에요.

B 그랬지. 네가 후회할 것 같아서 일부러 엄하게 하고 혼냈어. 정말 잘했어.

腰が低い

겸손하다

못난 사람이 잘난 체 하는 것도 꼴불견이지만, 잘난 사람이 잘난 체하며 과시하는 것도 눈꼴사납긴 마찬가지인 것 같아요. 일본에 能ある鷹は爪を隠す(유능한 매는 발톱을 감춘다)라는 속담이 있습니다. '벼는 익을수록 고개를 숙인다'와 비슷한 뜻으로, 역시 실력이나 능력이 있을수록 그것을 과시하지 않고 겸손해야 주위 사람들로부터 더욱더 인정을 받는 것 같아요. 일본어로 '겸손하다'는 腰が低い라고 하고, 반대로 '거만하다'는 腰が高い라고 합니다.

실전 대화

A 部長のこと、心から尊敬しています。
B 何を言ってるんだ。私は尊敬されるだけの人間じゃないけど。
A その腰の低いところが、部長のすばらしいところだと思います。
B 君、過大評価しすぎじゃないのか？年長者をからかうんじゃない。

A 부장님을 진심으로 존경합니다.
B 무슨 소리야? 나 존경 받을 만한 사람이 아닌네?
A 그렇게 겸손하신 점이 멋지다고 생각합니다.
B 자네 나를 너무 과대평가하는 거 아니야? 나이가 많은 사람을 놀리는 거 아니야.

ごまをする

아첨하다, 아양을 떨다

일본식 돈가스를 파는 식당에 가면 소스에 뿌리는 깨를 직접 갈아서 넣을 수 있게 미니 절구에 볶은 깨를 주는 곳이 있지요. 메뉴가 나올 때까지 무료함도 달래고, 직접 깨를 가는 재미도 느끼고 일석이조인 것 같아요. 일본어로 '깨'는 胡麻라고 합니다. 관용어 중에 ごまをする라는 표현이 있는데요. 자신이 이익을 위해서 '아첨을 하다', '알랑거리다'라는 의미입니다. 깨를 갈면 절구에 깨가 여기저기 막 달라붙게 되지요. 그 모습이 다른 사람에게 잘 보이기 위해서 착 달라붙어 아부를 하는 모습과 비슷하다하여 유래된 표현입니다.

실전 대화

A 俺、海外事業部に異動になった！
B お、希望通りだな、やったね！
A 部長にごますりまくったからな。
B いやあ、ごまをするだけでは無理だろ。お前ががんばったからだよ。おめでとう！

A 나, 해외 사업부로 이동하게 됐어!
B 오, 원하는대로 잘됐네!
A 부장님께 엄청 아첨했거든.
B 아니, 아첨하는 것만으로 불가능하지. 네가 일을 열심히 해서 그래. 축하해!

白を切る
しらをきる

시치미를 떼다, 잡아떼다

거짓말을 하면 얼굴에 그대로 다 드러나 거짓말을 못하는 사람이 있는가 하면, 얼굴색 하나 변하지 않고 거짓말을 하거나 알면서도 시치미를 뚝 떼는 사람들도 있지요. 일본어로 '딱 잡아떼다', '시치미를 떼다'는 白を切る라고 합니다. 여기서 しら는 知らぬ(알지 못하다)의 약자로 알면서도 모른 체할 때 사용하는 표현입니다. 동의어로는 しらばくれる가 있고, しらばっくれる라는 강조의 형태로도 많이 쓰입니다. 그리고 しら를 白로 쓴 것은 当て字(한자 본래의 뜻과는 관계없이 음(音)이나 훈(訓)을 빌려서 쓰는 한자)일뿐 별 의미는 없습니다.

실전 대화

A 冷蔵庫にあったケーキ食べたでしょ？
B えっ？僕じゃないよ。
A 白を切っても無駄よ。部屋にケーキのかす、落ちてたわよ！
B あっ、しまった！ばれちゃったか…。

A 냉장고에 있던 케이크 먹었지?
B 뭐? 나 아닌데.
A 시치미 떼도 소용없어. 방에 케이크 부스러기 떨어져 있었어!
B 아차! 들켰네….

図に乗る

생각대로 되어 우쭐대다

優柔不断(유유부단)한 사람도 싫고, 타인을 배려하지 않고 自分勝手(자기 멋대로 하는) 사람도 싫고, 厚かましい(뻔뻔한) 사람도 싫지만 우쭐대며 잘난 체하는 사람과도 별로 친하게 지내고 싶은 마음이 없네요. 일본어로 '우쭐대다'는 調子に乗る라고도 하고, 図に乗る라는 표현도 많이 씁니다. 일반적으로 사람들은 우쭐대는 사람들을 눈꼴사나워하는 경향이 있는 것 같아요. 그러므로 여러분이 작은 성과에 우쭐대다가는 図に乗るなよ!(우쭐대지 마!)라는 싫은 소리를 듣게 될 수도 있답니다.

실전 대화

A なんだ、元気ないな？
B 株で大損したんだ。
A だから、気をつけろって言ったじゃない。
B そうだよな。最初は思い通りにうまくいったから、図に乗りすぎて、判断を誤ったんだ。

A 왜 그래? 기운 없어 보이네?
B 주식으로 크게 잃었어.
A 그러니까 조심하라고 했잖아.
B 그랬지. 처음에 생각대로 잘돼서 너무 우쭐해졌더니 판단을 잘못했어.

高を括る

우습게 보다, 하찮게 보다

高を括る는 '우습게 보다', '얕잡아보다'라는 뜻입니다. 가벼운 변비라고 우습게 보고 방치했다가 치질이 되어 수술까지 하게 된다거나, 약체 팀인 줄 알고 얕보며 설렁설렁 경기를 했다가 크게 패한다거나, 간단한 시험이라고 만만하게 보고 공부를 안 했다가 시험에 불합격하는 등, 대수롭지 않게 봤다가 ひどい目に会う^{큰코 다치는} 경우가 많으니 주의합시다.

 실전 대화

(テニスの試合後)
A 藤井さん、強いんだね。
B 河野さんこそ。
A 今日は楽勝だと思って高を括ってたら、負けちゃったわ。でも今度は、私が勝つからね。
B 今度も負けませんよ。また勝負しましょう。

(테니스 시합 후)
A 후지이 씨, 잘하시네요.
B 가와노 씨야말로 잘하시네요.
A 오늘은 쉽게 이길 거라고 우습게 봤더니 지고 말았네요. 하지만 다음에는 제가 이길 거예요.
B 다음에도 지지 않을 거예요. 또 승부합시다.

棚に上げる
자신에게 불리한 일은 모른 체하고 문제 삼지 않다

棚に上げる는 직역하면 '선반에 올리다'라는 뜻인데요. 무엇을 선반에 올려놓을까요? 바로 자신이 저지른 과오나 실수를 선반 위에 올려놓고 모른 체하는 것이죠. 이 표현은 자신의 잘못이나 불리한 일은 전혀 문제 삼지 않고, 다른 사람의 잘못만 지적하는 경우에 씁니다. 만약 상대방이 자신이 한 짓은 생각도 하지 않고, 여러분의 잘못만 비난한다면 自分のことは棚に上げて라고 쏘아붙여주면 됩니다.

실전 대화

A お前、部長にごまばかりすってないで、仕事ちゃんとやれよ。
B お前こそ、いつも計算間違えてるじゃないか。もうちょっと注意しろよ。
A お前に言われたくないな。
B お前こそ、自分のこと棚に上げて、人のことあんまり悪く言うなよな。

A 너 부장님한테 아부만 하지 말고 일 좀 제대로 해.
B 너야말로 항상 계산 틀리잖아. 좀 더 신경 써.
A 너한테 그런 소리 듣다니 어이없네.
B 너야말로 너한테 불리한 일은 모르는 체하고 남을 나쁘게 말하지 마.

手の裏を返す

태도나 말을 확 바꾸다

우리말에 태도를 자주 변덕스럽게 바꾸는 것을 일컬어 '손바닥 뒤집듯하다'라고 하지요. 일본어에는 手の裏を返す(손바닥을 뒤집다)라는 말이 있습니다. 이 표현은 '말이나 태도를 지금까지와는 다르게 싹 바꾸다'라는 뜻입니다. '손바닥 뒤집듯하다'와 비슷한 뜻인 것 같지만 변덕스럽다는 부정적인 느낌은 별로 들지 않네요. 유사한 표현으로는 手の平を返す가 있습니다.

실전 대화

A 昨日から手の裏返したように、彼女が冷たいんだ。
B 何かあったの？
A ないと思うんだけどなあ。
B お前がなんかしたからだろ。電話してみろよ。

A 어제부터 여자 친구 태도가 확 바뀌어서 차가워졌어.
B 무슨 일 있었어?
A 아무 일도 없는 것 같은데.
B 네가 뭐 잘못한 게 있어서 그러겠지. 전화해 봐.

手を拱く

수수방관하다

우리는 몸짓이나 표정과 같은 비언어적인 보디랭귀지로도 상대방의 마음이나 감정을 읽을 수 있지요. 지금 여러분 앞에서 대화하고 있는 사람이 갑자기 눈을 빨리 깜박이거나, 코를 자꾸 만진다면 거짓말을 하고 있을 가능성이 높아요. 그리고 팔짱을 낀 채 이야기를 듣는다면 여러분의 말에 동의하지 않는다는 의미일 수도 있고요. 手を拱く는 직역하면 '팔짱을 끼다'라는 뜻인데요. '아무 것도 하지 않고 수수방관하다'라는 의미로 주로 사용합니다. 우리도 어떤 일에 직접 관여하지 않고 방관만 할 때 '팔짱만 끼고 있다'라는 표현을 쓰는데요. 같은 표현이라고 할 수 있겠네요. 拱く는 こまねく라고도 읽습니다.

실전 대화

A 社長、わざわざお越し頂いて、うちの店舗に何か問題でもあるんでしょうか。

B 今日は新製品の発売日じゃないか。手を拱いて見ていられないだろ？

A それは、誠にありがとうございます。

B よし、じゃんじゃん売るぞ！

A 사장님이 일부러 여기까지 오시다니, 저희 점포에 무슨 문제라도 있나요?

B 오늘은 신제품 발매일이지 않나. 가만히 지켜보기만 할 순 없잖아.

A 그건 진심으로 감사드립니다.

B 자, 불티나게 팔자고!

胸を張る

자신감을 갖고 당당한 태도를 취하다

저는 요즘 통 胸がときめく 가슴이 두근거리거나 설레는 경험을 해 본 적이 없는 것 같아요. 나이가 들어서 그런 걸까요. 아~, 胸が痛む 마음이 아프네요! 나이가 들면 자신감도 점점 사라지게 되는데요. 자세가 구부정하면 왠지 자신감이 더 없어 보이니까 의도적으로라도 가슴을 활짝 펴고 다니는 습관을 들이는 게 좋을 것 같네요. 일본어로 '가슴을 펴다'는 胸を張る라고 합니다. '자신감 있는 태도를 취하다'라는 뜻으로도 쓰이니 함께 알아 둡시다.

실전 대화

A 今度の年末年始、実家に帰るの？
B ううん、今回は帰らずに勉強するよ。
A 家族に会いたくないの？
B 今はね。司法試験に合格して、胸を張って、帰りたいからさ。

A 이번 연말에 고향에 가니?
B 아니, 이번에는 가지 않고 공부할 거야.
A 가족들 보고 싶지 않아?
B 지금은 그래. 사법 시험에 합격해서 당당하게 돌아가고 싶어.

指をくわえる

부러워하며 바라만 보다

일본어로 '손가락을 빨다'는 指をしゃぶる라고 합니다. 指しゃぶり 손가락 빨기와 爪噛み 손톱 물어뜯기는 혹시 '우리 애가 애정결핍이 아닐까?'라는 걱정을 하게 만드는 아이들의 대표적인 버릇이지요. 아이들은 손가락을 입에 무는 행동도 많이 하는데요. '손가락을 입에 물다'는 指をくわえる라고 합니다. 이 표현은 '부러워하며 바라만 보다'라는 뜻이 있습니다. 부럽긴 하지만 그렇다고 어떤 행동을 취하는 것도 아닌 그저 바라만 보는 상황에서 쓸 수 있는 표현입니다.

 실전 대화

A 夢が叶ったんだって？
B うん、ついにカフェをオープンすることになったんだ。
A やりたいことをやって、すごいなあ。
B みどりも指くわえて見てるだけじゃなくて、やりたいことやった方がいいよ。

A 꿈이 이루어졌다면서?
B 응, 드디어 카페를 열게 됐어.
A 하고 싶은 일을 하고 대단해.
B 미도리도 부러워하며 바라보기만 하지 말고, 하고 싶은 일을 해 봐.

PART 13

인간관계

かんかち

馬が合う

마음이 잘 맞다

주변 사람들 중에 유난히 나랑 성격이나 마음이 잘 맞는 사람들이 있지요. 그런 사람과는 같이 일을 하면 능률이 더 오르고, 같이 놀아도 취향이 비슷해 더 재미가 있어요. 일본어로 '마음이 맞다'는 馬が合う라고 하는데요. 말과 기수가 호흡이 잘 맞는 데서 유래한 표현입니다. 동의어로는 気が合う가 있고, 반대로 '마음이 맞지 않는다'고 할 때는 馬が合わない, 気が合わない라고 하면 됩니다.

실전 대화

A 私たち、不思議と馬が合うよね。
B ほんと。好きな食べ物とか音楽とか。
A 食べ物や音楽の好みが同じなのは、よくあることだけど…。
B でも、同じ作家が好きで、その中で好きな作品まで同じだから、びっくりした！

A 우리 신기하게 마음이 잘 맞지?
B 정말 그래. 좋아하는 음식이라든지, 음악이라든지.
A 음식이나 음악 취향이 같은 건 흔한 일이지만….
B 근데 같은 작가를 좋아하면서 그중에서 좋아하는 작품까지 같아서 놀랐어!

顔が広い

발이 넓다

일본어로 간단한 일상 회화 정도만 가능했던 일본어 초보 시절, 일본인 친구에게 顔が広い라는 말을 듣고 무척 속상해했던 기억이 나네요. 둥글고 넙데데한 전형적인 동양계 얼굴이 콤플렉스였던 저에게 '얼굴이 넓다'는 말은 가히 충격이 아닐 수 없었지요. 나중에야 그 뜻이 '인맥이 넓다'라는 걸 알고 속으로 얼마나 웃었던 지요. 우리나라에서는 이렇게 아는 사람이 많은 걸 '발이 넓다'고 하지만 일본어로는 顔が広い라고 한다는 걸 기억해 두세요.

실전 대화

A 今度、お料理を習おうと思ってるんだけど、どこがいいと思う？
B 知り合いに料理教室をしてる人がいるけど、紹介しようか？
A さすが、顔が広いね！よろしく！
B じゃあ、早速連絡してみるね。

A 이번에 요리를 배우려고 하는데, 어디가 좋을까?
B 아는 사람 중에 요리 교실을 운영하는 사람이 있는데 소개해 줄까?
A 역시 발이 넓네! 부탁해!
B 그럼 바로 연락해 볼게.

顔に泥を塗る
얼굴에 먹칠하다, 창피를 당하게 하다

泥진흙를 발라 긍정적인 효과를 얻을 수 있는 것은 피부에 바르는 머드팩과 오리 진흙 구이 정도가 아닐까 싶어요. 일본어에는 顔に泥を塗る라는 관용어가 있습니다. 직역하면 '얼굴에 진흙을 바르다'이지만 실제 뜻은 '얼굴에 똥칠(먹칠)을 하다'입니다. 똥칠을 하는 대상은 자기 자신이 될 수도 있지만 주로 부모나 직장의 상사, 학교 선배처럼 윗사람인 경우가 많습니다.

 실전 대화

(警察署にて)
A お前、一体、何やったんだ？
B 居酒屋で隣の客とけんかになって、けが負わせてしまった。
A 親の顔に泥を塗るようなこと、やりやがって。
B ごめん。でも、相手があんまりひどいこと言うから、ついかっとなったんだ。

(경찰서에서)
A 너 도대체 무슨 짓을 한 거야?
B 이자카야에서 옆 테이블이랑 싸워서 부상을 입혔어.
A 부모 얼굴에 먹칠할 짓이나 하고 말이야.
B 죄송해요. 근데 상대가 말도 안 되는 소리를 해서 열 받았어.

顔を立てる

체면을 세워 주다

우리가 쓰는 은어나 비속어 중에는 '시다바리, 나와바리, 땡깡, 무데뽀'처럼 일본어 잔재가 남아 있는 경우가 아직도 많이 있습니다. '가오'도 그중 하나인데요. 가오는 顔(얼굴)라는 일본어로 보통 '체면이 있지'라고 말할 때 '가오가 있지'라고 말하기도 하지요. 이처럼 顔는 '체면'이나 '면목'이라는 의미로도 자주 쓰이는데요. 顔が立つ는 '체면이 서다', 顔を立てる는 '체면을 세워 주다'라는 표현입니다. 살면서 너무 체면만 앞세우는 것은 문제가 됩니다. 하지만 더불어 사는 세상이기 때문에 가끔은 나의 실리보다는 상대방의 체면을 세워 주는 선택을 해야 하는 경우도 있는 것 같아요.

실전 대화

A 今度、お見合いすることになったの。
B え？まだ結婚したくないんじゃなかったっけ？
A うん、でも、親のお得意様の紹介だから、親の顔を立てるためにするんだ。
B そっか。佳菜子も大変だね。

A 이번에 맞선 보게 됐어.
B 어? 아직 결혼하고 싶지 않은 것 아니었어?
A 응, 근데 부모님 단골손님의 소개라, 부모님 체면을 세워 주려고 하는 거야.
B 그렇구나. 가나코도 고생하네.

肩を持つ

편들다

사람은 누구나 자기와 가장 가깝다고 생각하는 사람이라면 이유를 막론하고 味方(내 편)가 되어 주길 바랍니다. 그렇지 않을 경우 서운함을 느끼기도 하고, 심하면 배신감마저 들지요. 다른 사람과의 다툼에서 남편들이 자신의 편을 들어주지 않을 때 부인들이 격노하는 것도 이런 이유겠지요. 이런 경우가 많아서인지 '남편'은 '남의 편의 줄임말'이라는 우스갯소리도 생겨났네요. 여하튼 이렇게 한쪽만을 감싸서 두둔하거나 편드는 것을 肩を持つ라고 합니다. 동의어로는 味方する가 있습니다.

실전 대화

A こら、やめなさい！
B 私、悪くないよ、悪いのは葵なのに！
A 何言ってるの！葵は妹でしょ！
B そんなの関係ないよ！お母さんは、いつも葵の肩ばっか持つんだから！

A 얘들아, 하지 마!
B 전 잘못한 거 없어요, 잘못한 건 아오이예요!
A 무슨 말이니! 아오이는 동생이잖아!
B 그런 건 상관없어요! 엄마는 항상 아오이 편만 들잖아요!

気が置けない

허물없다

사람마다 스스럼없는 사이에 대한 기준은 다 다르겠지만 제 경우엔 주름이 자글자글하고 기미투성이인 제 민낯을 보여 줄 수 있는 사이가 바로 허물없이 지내는 사이라 할 수 있겠네요. 이렇게 '스스럼이 없다', '허물이 없다', '신경쓰지 않고 마음을 놓을 수 있다'는 의미로 사용할 수 있는 표현이 바로 気が置けない입니다. 일본인들 중에서도 이 표현을 '마음을 놓을 수 없다' '방심할 수 없다'라는 의미로 잘못 알고 사용하는 경우가 많다고 하니 우리도 헷갈리지 않게 잘 외워 두도록 합시다.

 실전 대화

A 久しぶりに楽しかった。
B 私も。いろいろ本音で話せてすっきりした。
A やっぱり、気の置けない友達っていいね。
B そうだね。また会おうね！

A 오랜만에 즐거웠어.
B 나도. 여러 가지 속마음을 털어 낼 수 있어서 기분이 후련해졌어.
A 역시, 허물없는 친구가 있는 게 좋아.
B 맞아. 다음에 또 보자!

膝を交える
ひざ　まじ

친하게 동석하다, 허물없이 이야기하다

문화 인류학자 에드워드 홀은 46cm 이하를 우리가 신뢰할 수 있는 가장 가까운 사람과의 거리, 즉 '친밀거리'라고 했습니다. 그러고 보니 이런 학설에 근거해 만들어진 '46cm'라는 치약 이름도 있네요. 膝を交える는 직역하면 '무릎을 맞대다'인데요. 무릎을 맞댈 정도로 가까이서 대화를 하는 상대라면 아주 친밀한 사이라 할 수 있겠지요. 따라서 이 표현은 '친하게 동석하다', '허물없이 이야기하다'라는 뜻으로 친밀하게 환담을 나누는 상황에서 씁니다.

실전 대화

A 先生は、学生たちに人気がありますね。
B いえ、ただ学生たちとコミュニケーションをとっているだけなんですよ。
A 時には学生たちと膝を交えて語り合うこともあるそうですね。
B はい、学生たちがどんなことを考えているのかを聴くことは、教師の重要な役割だと思っています。

A 선생님은 학생들에게 인기 많네요.
B 아니요, 그냥 학생들과 대화를 잘하는 편이에요.
A 때로는 친구처럼 허물없이 이야기할 때도 있다면서요?
B 네, 학생들이 어떤 생각을 하고 있는지 듣는 것은 교사의 중요한 역할이라고 생각합니다.

水入らず
식구끼리, 가족끼리

흔히 성격이 서로 맞지 않고 항상 갈등이 생기는 관계를 '물과 기름 같은 사이'라고 하지요. 물과 기름은 아무리 섞으려고 해도 섞이지 않는데서 나온 말인데요. 일본에서도 水と油라고 합니다. 그리고 水入らず라는 표현도 있는데요. 여기서 물은 타인, 기름은 가족을 의미하며, 물이 들어가 있지 않는 상태, 즉 다른 사람은 끼지 않고 오롯이 가족끼리만 모여 있는 것을 나타내는 표현입니다.

실전 대화

A あら、加藤さん、お出かけですか。
B ええ、連休ですので久しぶりに家族で旅行に…。
A まあ、家族水入らずでいいですね。お気をつけて、いってらっしゃい。
B はい、いってきます。

A 아, 가토 씨 외출하세요?
B 네, 연휴라 오랜만에 가족끼리 여행 가려고요….
A 어머, 가족끼리 좋으시겠어요. 조심해서 다녀오세요.
B 네, 다녀오겠습니다.

目くじらを立てる

남의 흠을 잡다

직원의 사소한 실수에 트집을 잡으며 진상을 부리는 손님, 갓 시집 온 며느리의 서툰 살림 솜씨를 일일이 들추어내어 지적하는 시어머니, 작은 실수도 그냥 넘어가지 않고 흠을 잡아 잔소리를 해대는 직장 상사. 이렇듯 별것 아닌 일에도 꼬투리를 잡는 사람은 어디에나 있어요. 바로 이럴 때 쓰는 표현이 目くじらを立てる입니다. 직역하면 '눈초리를 치켜세우다'지만 남의 흠을 들추어내거나 남의 결점을 끄집어내 비난을 할 때 쓰는 표현입니다.

실전 대화

A 誰なの？ラップもせず、冷蔵庫に野菜をそのまま入れたのは。
B あー、僕だよ。
A 野菜が傷むでしょ。もう、何回も言わせないでよ。
B ごめん、急いでて、そのまま入れてしまったんだ。小さいことでそんなに目くじら立てないでよ。

A 누구야? 랩도 안 싸고 냉장고에 야채를 그대로 넣은 사람.
B 아, 나야.
A 야채가 상하잖아. 몇 번이나 얘기하게 좀 하지 마.
B 미안, 급해서 그대로 넣어 버렸어. 사소한 걸로 그렇게 흠 좀 잡지 마.

PART 14
성질, 특징, 감각

朝飯前
あさめしまえ

식은 죽 먹기, 누워서 떡 먹기

시간이 없어요. 입맛이 없어요. 더 슬픈 건 아침밥을 차려 줄 사람이 없어요. 아무튼 이런 저런 이유로 아침을 거르는 현대인들이 많은데요. 아침을 먹어야 뇌가 활성화되어 일도 공부도 잘 된다고 하니 힘들더라도 챙겨 먹는 습관을 들여야 할 것 같아요. 일본어 관용어 중에 朝飯前(아침 먹기 전)라는 표현이 있습니다. 아침을 먹기 전에는 기운이 없지요. 이 표현은 이렇게 기운이 없는 공복의 상태일 때에도 할 수 있는 '아주 쉬운 일'이라는 의미입니다. 우리 속담의 '식은 죽 먹기', '누워서 떡 먹기', '손 안 대고 코 풀기'와 같은 표현이라고 할 수 있습니다.

 실전 대화

A あれ？電気(でんき)がつかなくなった。
B 僕(ぼく)が見(み)てあげるよ。ほら、ついた。
A ありがとう！すごいね。
B こんなの、朝飯前(あさめしまえ)だよ。

A 어? 등이 안 켜져.
B 내가 봐 줄게. 자, 됐어.
A 고마워! 대단하네.
B 이런 건 식은 죽 먹기야.

味も素っ気もない

아무런 맛도 멋도 없다, 무미건조하다

무슨 날만 되면 단체로 보내지는 味も素っ気もないメール무미건조한 메일, 아무런 이벤트도 없이 하는 味も素っ気もないプロポーズ멋대가리 없는 프러포즈. 이처럼 무슨 일이든 재미나 감동 요소가 없이 무미건조하면 사람들의 마음을 움직일 수가 없는 것 같아요. 味는 '맛'이라는 뜻 외에 '멋'이나 '운치'라는 뜻도 있습니다. 그리고 素っ気ない는 '냉담하다', '인정머리 없다'는 뜻인데요. 이 둘을 합쳐 味も素っ気もない라고 하면 '무미건조하다', '아무런 멋도 재미도 없다'는 표현이 됩니다.

실전 대화

A 私たち、付き合って1年だね。

B そうなんだ。

A そうなんだって…。味も素っ気もないわね。

B ごめん…、そっか！もう1年か！記念にどっか遊びに行こうか？

A 우리, 만난 지 1년이나 됐네.

B 그렇구나.

A 그렇구나라니…. 무미건조하게.

B 미안…, 그렇구나! 벌써 1년이구나! 기념으로 어디 놀러 갈까?

瓜二つ
うり ふた

쏙 빼닮음

일본어로 '닮다'는 似る라고 하고, 보통 'A를 닮았다'고 할 땐 'Aに 似ている'라고 합니다. 그리고 쏙 빼닮았다고 할 때는 そっくり라고도 하고, 瓜二つ라는 표현도 많이 씁니다. 瓜는 오이나 참외 같은 박과 식물의 열매를 말하는데요. 오이를 세로로 반을 쪼개면 잘린 단면의 모양이 거의 똑같은 것에서 유래한 표현입니다. 우리는 보통 이럴 때 '붕어빵'이라고 하지요.

 실전 대화

(家族写真を見ながら)
A この人誰？綾と瓜二つだね。
B あー、この人は叔母。お父さんの妹なの。
A へえ、ほんとにそっくりだね。
B うん、ハンコ押したみたいってよく言われる。

(가족사진을 보면서)
A 이 사람 누구야? 아야랑 쏙 빼닮았네.
B 아, 이 사람은 고모. 아빠 여동생이야.
A 흠, 정말 쏙 닮았네.
B 응, 빼다박았다는 소리 자주 들어.

舌つづみを打つ

입맛을 다시다

뜨거운 불판에 지글지글 소리를 내며 익어 가는 육즙 가득 머금은 한우 꽃등심 스테이크. 탱글탱글 살이 오른 낙지에 신선한 야채와 청양고추를 송송 썰어 넣고 매콤달콤한 고추장 양념으로 버무린 낙지볶음. 설명만 해도 입안에 군침이 돌며 입맛을 다시게 되는데요. 일본어로 '군침이 돌다'는 よだれが出る라고 하며, '입맛을 다시다'는 舌つづみを打つ라고 합니다.

실전 대화

A 日本旅行、どうでしたか。
B グルメの旅でした。旬の味に舌つづみを打ったよ。
A 今の旬と言えば、カニですか。
B ええ、堪能しました。

A 일본 여행 어땠어요?
B 맛집 투어였어요. 제철 음식 덕분에 입맛을 다셨어요.
A 지금 제철이라고 하면 게인가요?
B 네, 아주 잘 먹었습니다.

尻尾を出す
본색을 드러내다

어릴 적, 전설의 고향과 같은 드라마를 보면 정체가 발각된 구미호가 숨기고 있던 아홉 개의 꼬리를 드러내며 사람을 공격하는 장면이 있었는데요. 어린 마음에 얼마나 무서웠던지요. 일본어에도 이와 관련된 관용어가 있는데요. 바로 尻尾を出す입니다. 직역하면 '꼬리를 드러내다'이지만, 숨기고 있던 일이나 본성이 탄로 났을 때 '본색을 드러내다'라는 뜻으로 쓰는 표현입니다. 둔갑한 여우나 너구리가 꼬리를 드러내면 정체가 탄로 나는 것에서 유래한 표현이라고 합니다.

실전 대화

A 大学入ってから、すごく変わったね！
B 高校まで男まさりだったから、かわいい女の子に憧れてたんだ。
A それで、ぶりっ子してるんだね。でも、いつか尻尾が出ると思うよ。
B 尻尾を出さないようにがんばる。

A 대학 들어가고 많이 달라졌네!
B 고등학교 때까지 너무 선머슴 같아서 여자여자한 스타일을 동경했었어.
A 그래서 내숭 부리는 거네. 하지만 언젠가 본색이 드러날 거야.
B 본색이 드러나지 않도록 노력할 거야.

雀の涙

쥐꼬리만큼, 새 발의 피

'쥐꼬리만한 월급이 오른다고 좋아했더니 병아리 눈물만큼 올랐네. 후유, 일할 의욕이 개미 똥만큼도 없다.' 쓰고 나니 엄청 우울한 문장이 되었네요. 아무튼 우리는 크기가 아주 작거나 적은 수나 양을 빗대어 말할 때 이처럼 쥐꼬리나 병아리 눈물, 개미 똥 등에 비유를 많이 하지요. 일본에서는 이럴 경우 참새의 눈물에 비유해 雀の涙라고 합니다.

실전 대화

A 昇給した？

B うん、したにはしたけど…。

A 何？

B 去年は売り上げが伸びなかったからか、今回は雀の涙ほどしか昇給しなかったよ。

A 연봉 올랐어?

B 응, 오르긴 했는데….

A 왜?

B 작년에 매출이 늘어나지 않아서 그런지, 이번엔 연봉이 쥐꼬리만큼밖에 안 올랐어.

高嶺の花
たかね はな

그림의 떡

집 한 채 가격을 훌쩍 넘는 상상 초월 가격의 슈퍼카, 몇 달치 월급을 모아야만 살 수 있는 명품 가방, 13박 15일의 유럽 크루즈 여행. 물질적, 시간적 여유가 없는 저 같은 사람들에겐 다 高嶺の花(높은 산의 꽃)네요. 험하고 높은 산에 피어 있는 꽃은 따기가 어려워 그저 바라만 볼 수밖에 없는데요. 여기서 유래해 高嶺の花라는 말이 생겨났습니다. 우리 속담의 '그림의 떡'과 같은 뜻으로, 아무리 마음에 들어도 보기만 할 뿐 실제 이용하거나 차지할 수 없는 경우를 이르는 말입니다.

실전 대화

A お前、好きなやついるだろ？
B うん、3組の川原。明日言うつもり。
A 川原って、うちの学校で一番美人の？ちょっと高嶺の花じゃないか？
B そうやって誰も言えないでいるだろ？だから、俺が言ってやるんだ！

A 너, 좋아하는 사람 있지?
B 응, 3반의 가와하라. 내일 고백하려고 해.
A 가와하라라면, 우리 학교에서 제일 예쁜 애? 그건 좀 그림의 떡 아닌가?
B 그것 때문에 아무도 고백 못 하고 있잖아. 그래서 내가 고백하려고!

竹を割ったよう
성격이 대쪽같이 곧은 모습

우리나라에서는 예로부터 竹대나무가 부러질지언정 휘지 않는다고 하여 곧은 성품에 많이 비유를 했었지요. 일본어에도 竹を割ったよう라는 관용어가 있습니다. 직역하면 '대나무를 쪼갠 것 같은'이라는 뜻인데요. 성격이 대쪽같이 올곧은 것을 나타내는 표현입니다. 보통 이런 사람들은 성격이 시원시원하고 솔직하며 올바르지 않은 일은 하지 않으므로 주변 사람들로부터 존경을 받는 경우가 많은 것 같아요.

실전 대화

A あー、仕事やめたいです。でも、今やめると迷惑かけるし…。
B 何うじうじ言ってるの！やめたいなら、明日辞表出しな！
A その竹を割ったような性格、うらやましいです。
B そう？まあ、これが私の取り柄よ。

A 아, 일 그만두고 싶어요. 근데 지금 그만두면 회사에게 폐를 끼칠 것 같고….
B 뭘 우물쭈물 고민하고 있어! 그만두고 싶으면 내일이라도 사표 써!
A 그 대쪽같은 성격 부럽네요.
B 그래? 이게 나의 장점이지.

輪をかける
수준이 한 단계 더 높다, 정도가 한층 더 심하다

輪をかける _{고리를 걸다}라는 표현은 원래 궁도에서 나온 말로, 활시위를 팽팽하게 하기 위해서는 활 끝부분에 활시위의 고리를 거는 동작을 해야만 합니다. 그로 인해 화살이 더 세게 날아가는 것에서 유래해 '일의 기세를 몰아붙인다'는 의미로 사용되게 되었어요. 오늘날에는 '일의 정도가 한층 더 심하다'라는 의미로 주로 사용됩니다.

A 先週末に初めて彼の実家行ったんだ。
B へえ、どうだった？
A お父さん、彼よりも頑固そうだったよ。
B へえ、彼に輪をかけて頑固か、それはすごそう。

A 지난 주말에 처음으로 남자 친구 부모님 집에 갔어.
B 흠, 어땠어?
A 아버님, 고집이 남자 친구보다 더 센 것 같아 보였어.
B 흠, 남자 친구보다 더 심하게 고집이 있구나, 대단하겠다.

玉に瑕

옥에 티

새로 산 휴대 전화를 떨어뜨려 기스가 났다거나 누가 내 차를 긁고 갔는지 기스가 났다와 같이 우리는 종종 '기스나다'라는 표현을 쓰기도 하는데요. 기스는 きず(傷/瑕)라는 일본어로 '상처', '흠', '결점'이라는 뜻입니다. 그러니까 이제부터 '기스나다'는 '흠집이 나다'로 순화해서 쓰는 게 좋겠지요. 玉に瑕는 말 그대로 '옥에 티'라는 뜻으로 나무랄 데 없이 훌륭한 것에 있는 아주 작은 흠을 나타내는 표현입니다.

실전 대화

A えみの彼氏って、イケメンで、頭よくて、やさしくて、完璧だよね。

B でも、涙もろいところが玉に瑕。

A そうなの?

B うん、前はうな丼食べに行ったんだけど、おいしいって泣いてたし、その前は道で捨て猫見てかわいそうって号泣したしね。

A 에미 남자 친구는 잘생기고, 머리도 좋고, 상냥하고 완벽하네.

B 하지만 눈물이 많은 게 옥에 티야.

A 그래?

B 응, 저번에는 장어덮밥 먹으러 갔는데 너무 맛있다고 울고, 그 전에는 길냥이 보고 불쌍하다고 엄청 울기도 했거든.

血も涙もない

피도 눈물도 없다

우리는 '돈 앞에선 피도 눈물도 없다'거나 인정이라고는 눈 씻고 찾으려고 해도 없는 냉정한 사람을 보고 '피도 눈물도 없는 놈'이라고 욕을 하는 경우가 있는데요. 일본에서도 남에 대한 배려나 자상함이 없이 그저 냉혹하고 인정머리 없는 것을 血も涙もない라고 합니다.

실전 대화

A 森さん、リストラにあったんですって？
B はい。私なりに会社に貢献してきたつもりだったのですが。
A そうですよ。血も涙もない会社ですね。
B まあ、今は難しい状態ですから、仕方ないのかもしれません。

A 모리 씨, 정리해고 당했다면서요?
B 네, 나름대로 회사에 공헌해 왔다고 생각했는데 말이죠.
A 맞아요. 피도 눈물도 없는 회사네요.
B 뭐, 지금 어려운 상황이라서 어쩔 수 없는 것 같아요.

猫を被る

내숭 떨다

여자들이 딱 싫어하는 여자들의 유형 중에 남자들 앞에서 태도가 180도로 확 변하는 여자들이 있습니다. 여자들 앞에서는 말투며 행동이 선머슴 같다가도 남자들 앞에만 가면 약한 척, 순진한 척, 귀여운 척 내숭을 떠는 거지요. 이런 내숭녀를 일본에서는 ぶりっ子라고 합니다. 여자들은 꼴불견이라 생각하지만 남자들에게는 이런 내숭녀들이 은근 인기가 많지요. 그리고 猫を被る라는 표현도 있는데요. 직역하면 '고양이를 뒤집어쓰다'지만 '내숭떨다'라는 의미로 쓰이는 표현입니다.

실전 대화

A 今日はいつも元気な遠山が、やけにおとなしいな。
B 東野先輩が来てるんですよ。ほら。
A あー、あいつの憧れの東野先輩か。それで、猫被ってるんだな。
B そういうことです。

A 오늘 항상 기운 넘치는 도야마가 조용하네.
B 히가시노 선배가 와 있어요. 저기 보세요.
A 아, 걔가 동경하는 히가시노 선배 말이지. 그래서 내숭 떨고 있구나.
B 그런 셈입니다.

腹が据わる

침착해서 작은 일에는 동요하지 않다

腹는 '배', 据わる는 '자리 잡고 움직이지 않다', '침착해지다'라는 뜻입니다. 이 두 단어를 합쳐 腹が据わる라고 하면 자신의 의지나 계획이 굳건해 '사소한 일에는 동요하지 않다', '각오가 되어 있다'는 의미가 됩니다. 그리고 비슷한 표현으로 肝が据わる라는 관용어가 있습니다. 이 두 표현 다 문맥에 따라 '배짱이 두둑하다'라고 해석될 수가 있는데요. 약간의 뉘앙스의 차이가 있습니다. 腹が据わる는 구체적인 계획이 서 있거나 각오가 되어 있어 동요하지 않는다는 느낌이고, 肝が据わる는 그 사람의 성격이나 기질 자체가 배짱이 두둑하다는 의미입니다.

실전 대화

A 消防士の仕事って緊張の連続でしょ？
B うん、いつでもすぐ出動できるように訓練しているんだ。
A 精神的に強くなりそうだね。
B うん、いつでも腹を据えて出動できるようになったよ。

A 소방관 일은 항상 긴장의 연속이지?
B 응, 언제라도 바로 출동할 수 있도록 훈련하고 있어.
A 정신적으로 강해지겠네.
B 응, 언제든지 동요하지 않고 출동할 수 있게 되었어.

ピンからキリまで

최상에서 최하까지

일본에 처음 온 유럽인이 포르투갈인이라서 그런지 カステラ카스텔라, ブランコ그네, タバコ담배, ボタン단추 등 일본어에는 포르투갈어로 된 외래어가 꽤 많이 있습니다. ピンからキリまで라는 관용어도 포르투갈어에서 그 어원을 찾아볼 수 있는데요. ピン은 点점을 의미하는 포르투갈어 pinta에서 온 단어로 주사위의 '1', '최초', '최상품'을 뜻하며, キリ는 십자가를 의미하는 포르투갈어 cruz에서 온 단어로 숫자 '10', '최후', '최하품'을 뜻한다고 합니다. 여기서 유래해 ピンからキリまで라는 표현은 '제일 우수한 것부터 제일 열등한 것까지', '최상품에서 최하품까지'라는 뜻으로 사용하게 되었습니다. 줄여서 ピンキリ라고도 합니다.

 실전 대화

　　　(ネットショッピングしながら)
A　今治タオルって高級タオルで有名だよね？
B　でも、ピンからキリまであるんじゃない？
A　まあ、何でもピンキリだもんな。
B　実際に目で確かめて買った方がいいよ。

　　　(인터넷 쇼핑을 하면서)
A　이마바리 타올은 고급 타올로 유명하지?
B　근데 그중에서도 최상품에서 최하까지 있는 거 아냐?
A　뭐, 뭐든지 그렇긴 하지.
B　직접 눈으로 확인하고 사는 게 좋을 것 같아.

頬が落ちる
ほお　お

아주 맛있는 것을 비유

우리는 아주 맛있는 음식을 먹었을 때 '입에서 살살 녹는다'라든가 '둘이 먹다 하나 죽어도 모른다'라는 비유를 하는데요. 일본에서는 이럴 경우 頬が落ちる라고 합니다. 직역하면 '뺨이 떨어지다'지만 '기가 막히게 맛있다'는 의미로 쓰이는 표현입니다. 頬는 흔히 ほっぺた라고도 하지요. 따라서 이 표현은 ほっぺたが落ちる라는 형태로도 널리 쓰입니다.

실전 대화

A 最近人気のお店で買ってきたケーキだよ。どうぞ、食べて。
B ありがとう。おいしそうなケーキ。いただきます。
A どう？
B 頬が落ちそう！

A 요즘 인기 많은 가게에서 사 온 케이크야. 자, 먹어 봐.
B 고마워. 케이크 맛있겠다. 잘 먹을게.
A 어때?
B 완전 맛있어!

目が肥える

보는 안목이 생기다

ブランド品^{명품}을 감정하시는 분들은 척 보면 그 물건이 本物^{진품}인지 偽物^{짝퉁}인지를 알아보는데요. 명품에 대해 까막눈인 저 같은 사람은 아무리 설명을 해 줘도 막 헷갈리고 그렇더라고요. 가치 있고 훌륭한 물건을 오랫동안 접하고 보다 보면 보는 눈, 즉 안목이 생기는데요. 그럴 때 쓰는 표현이 바로 目が肥える입니다. 반대로 '보는 눈이 없다', '안목이 없다'고 할 때는 見る目がない라고 하면 됩니다.

실전 대화

(骨董品屋にて)
A この焼きものは、いいですね。
B お目が高いですね。
A 父親が好きで、いろいろ見て育ったから、目が肥えちゃったみたいなんです。
B では、もっといい品をお見せしましょう。

(골동품 가게에서)
A 이 도자기 아주 좋네요.
B 안목이 높으시네요.
A 아버지가 좋아해서 여러 가지 보고 자라다 보니 보는 안목이 생긴 것 같습니다.
B 그럼 더 좋은 것을 보여 드릴게요.

目と鼻の先
め　はな　さき

엎어지면 코 닿을 데

흔히 직장이나 학교가 집과 가까우면 지각을 더 많이 한다고들 그러잖아요. 하긴 저도 약속 장소가 멀 때는 시간적 여유를 두고 출발하지만, 지척에 있는 곳은 느릿느릿 꾸물거리다가 지각을 하는 경우가 왕왕 있는 걸 보니 그런 것 같기도 하고요. 아무튼 아주 가까운 거리를 비유할 때 일본에서는 目と鼻の先라고 합니다. 우리 속담의 '엎어지면 코 닿을 데'처럼 매우 가까운 거리를 나타내는 관용어입니다.

실전 대화

A どちらにお住まいなんですか。
B 私は吉祥寺です。
A 僕もです。井の頭公園の湖の前なんですよ。
B え？私もです。目と鼻の先ですね！

A 어디 사세요?
B 저는 기치조지예요.
A 저도요. 이노카시라 공원의 호수 앞에 살아요.
B 어? 저도 그런데요. 엎어지면 코 닿을 데네요.

PART 15

이해, 믿음, 거짓

かんがえ

かち

一杯食わす

감쪽같이 속이다

一杯(いっぱい)는 일본어로 '한 잔', '한 그릇'이라는 뜻 외에 '가득'이라는 뜻이 있습니다. 그래서인지 예전에 우리도 주유소에 가서 '입빠이 넣어 주세요'라는 표현을 많이 썼던 것 같아요. 물론 요즘에는 '가득 넣어 주세요'라고 순화해서 쓰는 경우가 많지만요. 食(く)わす는 食(く)う(먹다)의 사역형으로 '먹이다'라는 뜻입니다. 그런데 이 동사에는 '속이다'라는 의미도 있어서 一杯食(いっぱいく)わす라고 하면 '한 방 먹이다', '감쪽같이 속이다'라는 표현이 됩니다.

실전 대화

A このスカーフ、かわいいでしょ。
B それ、ブランド品(ひん)じゃないの？
A うん、お店(みせ)の人(ひと)が安(やす)くしてくれたの。
B ちょっと見(み)せて。えっ？これ、偽物(にせもの)だよ。一杯食(いっぱいく)わされたね。

A 이 스카프 예쁘지?
B 그거 명품 아니야?
A 응, 점원이 싸게 해 줬어.
B 좀 보여 줘. 어? 이거 가짜야. 감쪽같이 속였네.

口車<ruby>くちぐるま</ruby>に乗<ruby>の</ruby>る

사탕발림에 속아 넘어가다

口達者(말주변이 좋은) 사람들을 보면 정말 부러워요. 그런데 그런 좋은 재주를 나쁜 쪽으로 사용해 꿀처럼 달콤한 말로 사람들을 속이는 사기꾼들도 있지요. 기획 부동산이나 다단계 판매 권유, 보이스피싱 같은 사기 전화는 길게 이야기를 나누다 보면 감언이설에 속아 넘어가기 쉬우므로 더욱더 조심하셔야 합니다. 일본어로 '감언이설에 속다'는 口車に乗る, '감언이설로 속이다'는 口車に乗せる라고 합니다.

실전 대화

A 社交ダンスを始めたきっかけは何だったんですか。
B 大学の時にサークルに勧誘されたことです。先輩からダンスやると女の子にモテるって口車に乗せられて…。
A なるほど。でもその勧誘のおかげでダンスの才能が開花しましたね。
B 女の子にはモテませんでしたけどね。

A 사교댄스를 시작한 계기는 무엇이었나요?
B 대학교 때 동아리에서 권유를 받았어요. 댄스를 하면 여자한테 인기 많다는 선배의 사탕발림에 넘어갔어요….
A 그렇군요. 그래도 그 권유 덕분에 댄스 재능이 꽃을 피웠네요.
B 여자한테 인기는 없었지만요.

煙に巻く
상대방이 잘 모르는 말들을 열거하며 속이거나 얼버무리다

사기를 치는 사람들을 보면 상대방이 잘 모르는 어려운 전문 용어를 섞어 가며 장황하게 설명을 하는 경우가 많아요. 그런 이야기를 계속 듣다 보면 이성적으로 판단할 겨를도 없이 얼떨결에 사기를 당하게 되는데요. 이렇게 상대가 잘 모르는 말들을 일방적으로 늘어놓아 상대방을 속이거나 어리둥절하게 만들 때 쓰는 표현이 바로 煙に巻く 입니다. 煙는 煙(연기)의 준말로 이 관용어에서는 煙に巻く 라고는 쓰지 않으니 주의하도록 합시다.

실전 대화

A ねえ、今度の夏こそ海外旅行行けるでしょ？
B 今年の夏は、無理だろうな。最近新しく開発されたバイオプラスチックの製品化が大詰めだから。
A いつもそうやって煙に巻くのね。いったいいつになったら家族旅行できるのかしら。
B この製品化には会社の未来がかかってるんだ。もう少し待ってくれ。

A 저기, 이번 여름에야말로 해외여행 갈 수 있는 거지?
B 올해 여름은 어려울 거 같아. 최근 새로 개발된 바이오 플라스틱의 상용화 작업이 최종 단계에 들어가거든.
A 항상 그런 식으로 얼버무리네. 도대체 언제 가족 여행 갈 수 있는 건지.
B 이 상용화에 회사의 미래가 걸려 있어. 조금만 더 기다려 줘.

途方に暮れる

어찌할 바를 모르다

운전하려고 봤더니 주머니 속에 넣어 두었던 차키가 없어졌을 경우, 처음 가 본 곳에서 길을 잃었을 경우, 불의의 사고로 갑작스럽게 사랑하는 사람을 잃었을 경우. 이렇게 우리는 느닷없이 무엇인가를 잃어버리게 되면 막막해져서 어찌할 바를 모르게 되는데요. 이럴 때 쓸 수 있는 표현이 途方に暮れる입니다. '어찌할 바를 모르다', '망연자실하다'라는 뜻으로 손 쓸 수단이나 방법이 없어 어떻게 해야 할지 모르는 상태에서 쓰는 관용어입니다.

실전 대화

A 宿が見つかってよかった。
B ほんと。どこに電話しても満室だって言われて、さっきは途方に暮れたよ。
A でも、最後の1件でさっきキャンセルでたとこって言われて…。
B 俺たち、ほんと運よかったな。

A 묵을 곳을 찾아서 다행이다.
B 정말 그래. 어디를 전화해도 만실이라고 해서 아까는 어찌할 바를 몰랐어.
A 근데 마지막 숙소에서 방금 취소돼서 방이 있다고 하니….
B 우리, 진짜 운이 좋은 것 같아.

膝_{ひざ}を打_うつ

무릎을 치다

좋은 아이디어가 번쩍하고 떠오르는 것처럼 갑자기 어떤 생각이 퍼뜩 떠오를 때가 있습니다. 그럴 때 우리는 무의식적으로 손으로 무릎을 탁 치게 되지요. 그리고 어떤 것에 크게 감탄을 했을 때도 무릎을 치게 되는데요. 이럴 경우 일본어에서도 膝を打つ^{무릎을 치다}라는 표현을 씁니다. 동의어로는 小膝を打つ가 있습니다.

실전 대화

(塾_{じゅく}にて)
A じゃあ、この難問_{なんもん}がわかった人_{ひと}、いるかな？
B うーん、あ！わかった！
A そこの、膝_{ひざ}を打_うってる遠藤_{えんどう}くん。さあ、前_{まえ}に出_でてきて解_といて下_{くだ}さい。
B はい！

(학원에서)
A 그럼, 이 어려운 문제 푼 사람 있나?
B 음…, 아! 알았다!
A 거기, 무릎을 치고 있는 엔도 군. 자, 앞으로 나와서 문제를 풀어 보세요.
B 네!

百も承知
충분히 잘 알고 있음

承知는 '알아들음'이라는 뜻인데요. 百も承知라고 하면 굳이 말하지 않아도 이미 충분히 잘 알고 있음을 나타내는 표현입니다. 100은 흔히 많음을 나타내는 대표적인 숫자이지요. 여기서는 '충분히', '잘'이라는 의미로 사용되었습니다. 이 관용어는 百も承知 二百も合点이라고도 쓸 수 있는데요. 의미를 조금 더 강조하기 위한 표현이라 할 수 있겠습니다.

A おなかすいた。
B えっ？さっきも食べたじゃない。こんな夜遅くに食べると太るよ。
A そんなことは百も承知だけど、おなかすいたままじゃ眠れないよ。
B もう、カロリー低いのにしときなよ。

A 배고파.
B 뭐? 아까 먹었잖아. 이런 늦은 시간에 먹으면 살쪄.
A 그건 잘 알고 있지만, 배고픈 채로는 잠이 안 와.
B 그럼 칼로리가 낮은 것으로 먹어.

腑に落ちない

납득이 안 가다

상대방의 말이나 행동이 도통 이해가 되지 않고 납득이 안 갈 때 우리는 무척 답답함을 느끼게 되는데요. 이럴 때 納得できない납득할 수 없어, 納得いかない납득이 되지 않아라고 말하면 됩니다. 같은 뜻을 가진 관용어로는 腑に落ちない가 있습니다. 여기서 腑는 내장을 의미하며 옛날 사람들은 내장에 사람의 생각이나 마음이 머문다는 생각을 했었다고 합니다. 거기서 유래해 다른 사람의 의견이나 사고방식 등이 확 마음에 들어오지 않는다, 즉 '납득이 안 가다'라는 뜻으로 腑に落ちない라는 표현이 사용되게 되었다고 합니다.

실전 대화

A 最近、仕事どう？
B なんか嫌になってきちゃった。デザイナーで入社したのに、毎日コピーとか、お茶汲みとかほとんどが雑用なの。
A 世の中、腑に落ちないこと多いよね。
B ほんと、腑に落ちないことばっかりよ。

A 요즘 일은 어때?
B 왠지 지겨워졌어. 디자이너로 들어왔는데 매일 복사나 차 대접 같은 대부분 잡일이야.
A 세상에 납득 안 가는 일 많지?
B 맞아. 납득 안 가는 일 천지야.

眉に唾を付ける
속지 않도록 조심하다

예로부터 일본에서는 여우나 너구리를 인간으로 둔갑해 사람들을 홀리는 대표적인 요물로 여겼습니다. 이런 요물들에게 홀리지 않으려면 눈썹에 침을 발라야 한다는 속설이 있는데요. 眉に唾を付ける는 바로 여기서 나온 관용어입니다. 직역하면 '눈썹에 침을 바르다'지만 '속지 않도록 조심하다'라는 의미의 표현입니다. 그리고 眉唾, 眉唾物라는 단어도 있는데요. '속지 않도록 조심해야 되는 것', '미심쩍은 것'이라는 뜻이니 함께 외워 둡시다.

실전 대화

A 今度の転校生、芸能人なんだって!
B え? 誰に聞いたの?
A 福本くんから。
B あいつの言うことは眉に唾を付けて聞いた方がいいよ。たいてい嘘だから。

A 이번 전학생 연예인이래!
B 어? 누구한테 들었어?
A 후쿠모토한테서.
B 걔가 하는 말은 조심해서 듣는 게 좋아. 대부분 거짓말이니까.

目から鱗が落ちる
눈이 트이다, 어떤 일을 계기로 몰랐던 것을 알게 되다

일본에서는 기독교를 믿는 사람들이 많이 없답니다. 대략 전체 인구의 1% 정도라고 추정되고 있지요. 이렇게 기독교가 발달하지 않은 일본에서 기독교와 관련된 재밌는 관용어가 있어서 소개하고자 합니다. 바로 目から鱗が落ちる라는 표현인데요. 직역하면 '눈에서 비늘이 떨어지다'이지만 어떤 것을 계기로 갑자기 일의 진상을 알게 되었을 때 쓰는 표현입니다. 이 관용어는 사울의 눈에서 비늘 같은 것이 떨어져 다시 볼 수 있게 되었다는 신약성서 사도행전 제9장에서 유래되었다고 합니다.

실전 대화

A どうしたの?
B 服についた染み、とれないの。
A この洗剤をつけてごらん。目から鱗が落ちるよ。
B うわあ！つけただけなのに、きれいにとれた！すごい！

A 무슨 일이야?
B 옷에 묻은 얼룩이 안 지워져.
A 이 세제를 뿌려 봐. 새로운 세상에 눈을 뜰 거야.
B 우와, 뿌리기만 했는데 깨끗이 지워졌네. 대박!

PART **16**

돈, 형편

かんもち
か

足が出る
あし で

예산을 넘다

가끔 잘 놔뒀다고 생각한 돈이 감쪽같이 없어지는 경우가 있습니다. 이럴 땐 정말 너무 너무 답답하지요. 그래서 괜히 엄한 귀신 탓을 하며 '귀신이 가져갔나!'라고 하거나, '돈에 발이 달렸나'라며 혼잣말을 내뱉기도 합니다. 돈은 발이 달린 것처럼 어디로든 갈 수 있다는 의미에서 일본에서는 돈을 足에 빗대기도 하는데요. 대표적인 표현이 足が出る 입니다. 이 표현은 '예산이 초과되거나 적자가 나다', '손해를 보다'라는 뜻입니다.

(ジュエリーショップにて)
A お客様、このペンダントはいかがでしょうか。
B そうですね、かわいいですけど、ちょっと足が出ますね。
A では、こちらのブレスレットはいかがでしょうか。
B あー、いいですね。こっちの方が彼女によく似合いそうで、値段もちょうどいいです。これにします。

(주얼리샵에서)
A 손님, 이 펜던트는 어떠세요?
B 글쎄요, 예쁜데 예산을 좀 넘네요.
A 그럼, 이 팔찌는 어떠세요?
B 아, 좋네요. 이쪽이 여자 친구에게 더 잘 어울릴 것 같고 가격도 딱 좋아요. 이걸로 할게요.

うだつが上がらない

지위나 생활이 나아지지 않다

うだつ는 일본 전통 가옥에서 집과 집 사이에 설치한 방화벽을 말합니다. 이것을 만들려면 비용이 상당히 많이 들었는데요. 당연히 부유한 사람들은 크고 멋진 うだつ를 설치했을 것이고, 돈이 없는 사람들은 うだつ를 설치할 엄두도 내지 못했겠지요. うだつが上がらない^{방화벽이 올라가지 않다}라는 표현은 여기에서 유래한 것으로 '생활이 나아지지 않다', '역경에서 헤어나지 못하다', '출세를 못하다'라는 의미입니다.

실전 대화

A 同期の国村、昇進したんだって。

B えー、あのおとなしい国村さんが？意外とできる人なのね。

A 入社当時は俺の方が成績よかったのに、なんだかうだつが上がらないな。

B 大丈夫よ。一生懸命やってれば、いつか認めてもらえるわよ。

A 동기 구니무라가 승진했대.

B 뭐, 그 얌전한 구니무라가? 의외로 일을 잘하나 보네.

A 입사 당시에는 내가 더 성적이 좋았는데 평사원에서 벗어나지 못하네.

B 괜찮아. 열심히 하면 언젠가 인정 받을 거야.

鰻のぼり
うなぎ

(물가, 주가, 인기 등이) 급격히 오름

우리나라에서는 한여름의 더위를 이겨 낼 스태미나 음식으로 삼계탕을 많이 먹는데요. 일본에서는 장어 요리를 많이 먹습니다. 역시 힘 하면 장어니까요. 주로 장어덮밥을 많이 먹는데요. ひつまぶし라는 나고야식 장어덮밥이 유명하니 기회가 되시면 한번 드셔보시길 권해 드려요. 장어는 힘이 좋아 급류에서도, 물이 깊지 않은 곳에서도 거슬러 올라갈 수 있다고 합니다. 여기서 鰻のぼり라는 말이 생겨났습니다. 보통 주가나 물가 등이 어떤 것을 계기로 급속히 상승하는 것을 빗댄 표현입니다.

실전 대화

A 「TWICE」っていう韓国のアイドルグループ知ってる？今すごい人気なんだよ。

B えっ？韓流ブームってもう終わったんじゃなかったっけ？

A 何言ってんの！今、女子中高生の間で人気が鰻のぼりなんだよ。

B そうなんだ。知らなかった。

A '트와이스'라는 한국의 아이돌 그룹 알아? 지금 엄청 인기야.
B 어? 한류는 이미 끝난 거 아니었어?
A 뭔 소리야! 지금 여학생들 사이에서 인기가 급상승 중이야.
B 그렇구나. 몰랐어.

親のすねをかじる
(자식이 성인이 되어서도 자립하지 않고) 부모에게 얹혀살다

요즘 청년들의 취업난 문제가 참 심각합니다. 졸업해서도 취업이 되지 않아 부모님의 집에 얹혀살면서 용돈까지 얻어 쓰는 청춘들이 많이 있지요. 의지는 있으나 마음처럼 취업이 되지 않는 안타까운 경우도 있지만, 일을 할 의지조차 없이 부모님께 빌붙어 등골을 빼먹는 자식들도 더러 있는 것 같아요. 아무튼 이렇게 자립하지 않고 부모님께 손을 벌리며 생활하는 것을 일본에서는 親のすねをかじる 부모님의 정강이를 갉아 먹다라는 재미있는 표현을 씁니다.

실전 대화

A 芽衣、就職活動してないらしいけど、大学卒業したらどうすんの？

B イギリスに留学しようと思って、とりあえず英語の塾に通う予定。

A あんた、いつまで親のすねかじるつもり？親がやさしいからって、ちょっと甘えすぎじゃないの？

B お父さんもお母さんも応援してくれるっていうから、いいじゃない！

A 메이, 취업 준비 안 한다던데 대학 졸업하면 어떻게 할 건데?
B 영국에 유학 가기 위해서 일단 영어 학원에 다닐 예정이야.
A 너 언제까지 부모님한테 얹혀살 거야? 부모님이 잘해 준다고 너무 응석부리는 거 아냐?
B 아빠랑 엄마도 응원해 준다고 하니 됐잖아.

首が回らない
빚이 많아 아무것도 못하다

잘못된 자세로 잠을 자거나 해서 담에 걸려도 목이 잘 안 돌아가지요. 그럴 때 首が回らない(목이 돌아가지 않는다)라고 하면 됩니다. 이 표현은 실제로 이렇게 목 근육이 뭉쳐 아플 때도 쓸 수 있지만 '돈이 없거나 빚이 많아 아무것도 못하다'라는 의미로도 사용됩니다. 빚에 시달려 옴짝달싹 못하는 상태가 되면 정신적인 스트레스가 어마어마할 텐데요. 그렇게 되면 정말로 뒷목이 뻣뻣해져 목이 안 돌아갈 수도 있을 것 같다는 생각이 들어요.

실전 대화

A このかばん見て！かわいいでしょ？
B かわいいけど、カードで買ったんでしょ？
A うん。いくつか持ってるから使い回してるんだ。
B そんなことしてたら、いつかカードローンで首が回らなくなるわよ。

A 이 가방 좀 봐! 예쁘지?
B 예쁘긴 한데 카드로 산 거지?
A 응. 카드 몇 개 있어서 돌려 가면서 쓰고 있어.
B 그런 식으로 하면 나중에 카드 빚이 많아져서 아무것도 못하게 될 거야.

耳を揃える

전액 모자람 없이 준비하다

저는 식빵이나 샌드위치를 먹을 때 가장자리를 뜯어내고 잘 안 먹는 편인데요. 식빵의 딱딱한 가장자리를 食パンの耳라고 합니다. 耳는 '귀'라는 뜻 이외에도 이렇게 물건의 가장자리를 의미하기도 합니다. 에도 시대 때 통용되던 금화의 테두리도 耳라고 했는데요. 여기서 유래해 耳を揃える라는 표현은 '금화나 지폐의 끝자락을 맞추다'라는 의미에서 '금액이나 수량을 전부 맞추어 모자람이 없이 하다'라는 뜻으로 변하여 사용되게 되었습니다.

실전 대화

A 前に貸した1万円、いつ返してくれるの？

B あ、来週中には返すよ。

A 耳を揃えて持って来てよ。

B うん、わかった。

A 전에 빌려 준 1만 엔, 언제 돌려줄 거야?

B 아, 다음 주엔 돌려줄게.

A 전액 모자람 없이 가져 와.

B 응, 알았어.

일본인이 가장 많이 쓰는 일본어 표현 관용구 편

초판 1쇄 인쇄	2018년 06월 15일
초판 1쇄 발행	2018년 06월 20일

지은이	임승진, 보쿠 리에
펴낸이	홍성은
펴낸곳	바이링구얼
교정·교열	육근혜
디자인	이초희
출판등록	2011년 01월 12일
주 소	서울 마포구 월드컵로 31길 58-5, 102호
전 화	(02) 6015-8835 팩스 (02) 6455-8835
메 일	nick0413@gmail.com

www.bilingualpub.com

ISBN   979-11-85980-23-2 13730

• 잘못된 책은 구입한 서점에서 바꿔 드립니다.